Umschlag/Cover
nach einer Idee von Ilya Kabakov
following an idea by Ilya Kabakov

Ilya Kabakov

Der Rote Waggon
The Red Wagon

Museum Wiesbaden
31. Oktober 1999 - 31. März 2001

Verlag für moderne Kunst Nürnberg

Dank/Acknowledgements

Für vielfältige Unterstützung bei der Vorbereitung von Ausstellung und Katalog dankt das Museum Wiesbaden
For wide-ranging support for the exhibition and the catalogue Museum Wiesbaden expresses sincere thanks to

Ilya Kabakov, Emilia Kabakov, Boris Groys, Jürgen Harten, Bernd Mohnhaupt, Ingrid Mössinger, Natascha Nikitina, Nicola von Velsen

Impressum/Imprint

Ausstellung/Exhibition

Leitung/Directing: Volker Rattemeyer
Organisation/Organization: Renate Petzinger
Leihverkehr/Registrar: Hanne Dannenberger
Restauratoren/Conservators: Sarah Bernhardt, Bettina Grober, Christiane Haeseler, Ines Unger
Aufbau/Presentation: Jens Andres, Michael Edler, Peter Forster, Robert Helmdach, Thorsten Hermann, Karl Georg Jung, Michael Krag, Ed Restle, Alexander Sturm
Öffentlichkeitsarbeit/Public relations: Renate Petzinger

Katalog/Catalogue

Herausgeber/Publisher: Volker Rattemeyer
Lektorat/Chief editing: Renate Petzinger
Textbearbeitung/Editing: Hanne Dannenberger
Layoutkonzept/Layout Concept: Volker Rattemeyer
Layoutbearbeitung/Layout Work: Klaus Peter Heuser, Mai Kato, Sabine Ullrich
Übersetzungen/Translations: Irina Belikova, Hanne Dannenberger, Gabriele Leupold, Katharina Loth, Cynthia Martin, Renate Petzinger, John Southard
Gesamtherstellung/Catalogue production: Werbedruck Horst Schreckhase GmbH, Spangenberg

Ausstellungsausgabe/Exhibition Edition: Museum Wiesbaden, ISBN 3-89258-041-3
Buchhandelsausgabe/Bookshop Edition: Verlag für moderne Kunst Nürnberg, ISBN 3-933096-25-1

Inhalt/Contents

Volker Rattemeyer

Wie der 'Rote Waggon' ins Museum Wiesbaden kam

Am Rande einer Besichtigung der Kunstsammlung Nordrhein-Westfalen in Düsseldorf besuche ich im Sommer 1986 eher zufällig auch den Düsseldorfer Kunstverein. In der Ausstellung 'Ilya Kabakov - Am Rande' kann ich dort erstmals einen Einblick in das Werk eines Künstlers nehmen, der mir bis dahin weder vom Namen noch von seiner Arbeit her bekannt ist.

In der Ausstellung wird ein Werk ausgebreitet, das aus einem Zeitraum von rund 20 Jahren vornehmlich Arbeiten auf Papier (Alben und Zeichnungen) zeigt. Die Arbeiten verweisen auf einen Künstler, der in der Rolle des Erzählers Geschichten darbietet, die in Inhalt und Form weder an einer Wiederbelebung traditioneller, aus der Geschichte der Kunst bekannter Bildvorstellungen noch an einer Reaktivierung der ideologisch gefärbten Kunst der stalinistischen Sowjetmacht orientiert sind. Vielmehr tritt ein Zeichner, Maler und Objekt-Künstler hier erstmals mit Arbeiten in das Rampenlicht einer größeren bundesdeutschen Öffentlichkeit, die sich im Gewande narrativer Ausprägung weit vom russischen Kunstalltag mit seinen historisch überkommenen Darstellungen entfernt haben.

Ein bildkünstlerischer Meister der Erzählung, der seine Identität und Verwurzelung mit der russischen Kultur nicht leugnen will, gleichwohl die Wahl und Darbietung seiner Themen über diese Quellen hinaus um Aspekte anreichert, die vielfältige Kenntnisse der künstlerischen Geschehnisse im Westen vermuten lassen. Der künstlerische Blickwinkel, von dem aus Ilya Kabakov noch einmal und erneut vom Mythos der russischen Avantgarde erzählt, ohne dabei in eine fundamentale oder gar ideologische Sprache zu verfallen, ist zugleich als eine generelle Antwort zu deuten auf jene Positionen der Moderne, die immer noch Sinn und Bedeutung hochhalten und hartnäckig verteidigen, obgleich das eigene Tun visionslos und die Reflexion darüber schon längst sinnentleert geworden sind.

Auf eine merkwürdige Weise fühle ich mich zu diesem Werk hingezogen, das wie für das alltägliche Leben geschaffen zu sein scheint, in dem, wie Boris Groys ausführt, „zwar alles Platz findet, auch die inneren Visionen und theoretischen Konstruktionen, wo aber alles relativ, flüchtig und faktisch bleibt und den Gesetzen von Raum und Zeit untersteht". Die Arbeiten der Düsseldorfer Kabakov-Ausstellung vermitteln mir eine Konsequenz, Dichte und Gedankenwelt, die ich nur summarisch erfassen kann, da ich der russischen Sprache unkundig bin, mir die russische Kunst und Kultur nur ausschnitthaft bekannt ist und ich das Leben in der Sowjetunion bzw. in Rußland erst kurze Zeit später kennenlernen werde.

Trotz dieser Handicaps bleibt mir von der Ausstellung die Erinnerung an ein narratives Werk, das in ungewohnter Mischung zumeist zwischen zwei Polen hin- und herpendelt. Haften bleibt der Eindruck von Arbeiten, in der die Gegenüberstellung von Bild und Kommentar unter der Zielvorgabe funktioniert, keine verborgene oder gar absolute Wahrheit zu verkünden, sondern auf die triviale, alltägliche Situation zu verweisen, die auch in den Arbeiten dargestellt ist. Haften bleibt die Erinnerung an Werke, die wie ein kleines Theater funktionieren, auf dessen Bühne aber nicht Schauspieler sondern Fragen auftreten, die von identifizierbaren Personen gestellt werden. Und auch die als schöne Bücher mit farbigen Illustrationen gefertigten beiden Alben 'Der im Schrank sitzende Primakov' und 'Der Kritzler Malygin' setzen sich nachhaltig in meinem Gedächtnis fest. Ersteres ob einer Reihe von schwarzen Seiten, mit denen - in Anspielung an das berühmte 'Schwarze Quadrat' von Malevitch - ein Spiel um den im dunklen Schrank sitzenden Knaben eröffnet wird. Letzteres ob ihrer Ränder, die mit verschiedensten Motiven rundherum die große zentrale Leere der einzelnen Albumblätter begrenzen und schmücken.

Ich verlasse die Ausstellung in der festen Absicht, mir weitere Informationen zum Werk und zur Person von Ilya Kabakov zu besorgen. Einen Wunsch, den ich arbeitsbedingt zunächst zurückstellen muß und den ich mir auch Jahre darauf eher beiläufig denn konsequent erfüllen kann. Bei Besuchen von Ausstellungen, an denen Ilya Kabakov neben anderen Künstlern beteiligt ist, lerne ich weitere, neue und alte Arbeiten kennen und schätzen, ohne jedoch auch nur in die Nähe einer genaueren Kenntnis seines Gesamtoeuvres zu gelangen.

Auf der neunten documenta (1992) in Kassel entdecke ich im Hof des Museums Fridericianum den Nachbau einer öffentlichen Bedürfnisanstalt, wie sie in den sechziger und siebziger Jahren neben Bushaltestellen und Eisenbahnstationen überall in der sowjetischen Provinz errichtet worden sind. In den niedrigen und engen Zwischenraum der

'Toilette' (so lautet der Titel dieser Installation) hat Ilya Kabakov eine vollständig eingerichtete Wohnung eingebaut - so exakt, normal und detailliert, daß sich dem 'Toiletten'-Besucher der Eindruck vermitteln muß, die Bewohner seien eben mal auf einen Sprung zum Nachbarn gegangen. Eben ein "ganz normales Leben in der Toilette", wie Ilya Kabakov bemerkt und ergänzt: "Muß man zu dieser Metapher noch was sagen?"

Es wäre wunderbar, so denke ich mir, diesem Künstler im Wiesbadener Museum eine Ausstellung einrichten zu dürfen, würde seine Arbeit doch genau in das Programm der 'Stillen Avantgarde' passen. Auf der Rückfahrt von Kassel nach Wiesbaden spiele ich die Idee eines solchen Projekts gedanklich in den verschiedensten Varianten durch. Ich muß leider resignierend erkennen, daß die Idee wohl nur ein Traum bleiben muß. Zuviele unüberwindbar scheinende Gegebenheiten stehen dagegen: Die fest verabredeten Ausstellungen, die uns auf Jahre hin binden. Die sich dramatisch abzeichnende Etatschwäche des Wiesbadener Museums. Und die zumindest schon planerisch auf den Weg gebrachte bauliche Sanierung der Räume der Kunstsammlung, die das Einrichten von Wechselausstellungen und das Zeigen der Sammlung auf Jahre deutlich einschränken. Ich beschließe, das Ganze einfach zu verdrängen und auf bessere Zeiten zu hoffen.

Meine Hoffnung muß erhört worden sein. Völlig überraschend ruft im Oktober 1994 Ingrid Mössinger, damals noch den Ludwigsburger Kunstverein leitend, an und teilt mir mit, daß sie mit Emilia und Ilya Kabakov verabredet habe, den 'Roten Waggon', der zur Zeit im Außenbereich des Wiener Museums für Angewandte Kunst geparkt sei, nach dortigem Ausstellungsende ins Museum Wiesbaden reisen zu lassen. Erst in Wiesbaden, der Stadt und dem Museum mit den vielfältigen historischen Beziehungen zu Rußland, würde der 'Rote Waggon' richtig plaziert sein.

In einer Art gegenseitiger Ermunterung und Bestärkung der Richtigkeit der Standortfrage fallen uns spontan einige historische Bezüge zwischen Rußland und Wiesbaden ein, die wir auch gleich untereinander austauschen. Da ist die Russische Kirche auf dem Neroberg, die Mitte des letzten Jahrhunderts für die jung verstorbene nassauische Herzogin und russische Großfürstin Elisabeth Michajlovna erbaut worden ist. Eine Grabkirche, die von den Wiesbadenern auch 'Griechische Kapelle' genannt wird und für die deren Baumeister Philipp Hoffmann sich hat inspirieren lassen von der Erlöserkirche in Moskau. Da ist auch der Russische Friedhof auf dem Neroberg, der unmittelbar nach dem Bau der Russischen Kirche und in räumlicher Nähe zu ihr ebenfalls von Philipp Hoffmann angelegt worden ist. Ein kulturhistorisches Kleinod mit einer beeindruckenden Gräbervielfalt, die vor allem wechselseitige Bezüge russischer und deutscher Geistesströmungen und Familienverbandelungen für das letzte Drittel des neunzehnten und den Beginn des zwanzigsten Jahrhunderts belegt. Eine Nekropole, der unter denkmalpflegerischen Gesichtspunkten eine baldige grundlegende Instandsetzung zu wünschen ist und die auch die letzte Ruhestätte von Alexej von Jawlensky beherbergt.

Apropos Alexej von Jawlensky. Auf diesen russischen 'Maler der Ikonen des 20. Jahrhunderts', der von 1921 bis zu seinem Tode 1941 in Wiesbaden lebt, kommen wir selbstverständlich auch zu sprechen. Erst durch seine Werke, seine Portraits, Stilleben und Landschaften, seine 'Variationen', 'Konstruktiven Köpfe' und 'Meditationen' hat das Museum Wiesbaden internationalen Ruhm erlangt, übertrifft dieser Sammlungsschwerpunkt an Qualität, Größe und Vielseitigkeit doch alle vergleichbaren Museums-Kollektionen in Europa. Ein anderer Russe von literarischer Weltgeltung, so fällt uns im Gespräch ein, hat in Wiesbaden sehr handfeste Erfahrungen zur Heilung seiner Spielsucht und angeschlagenen Gesundheit gemacht, die er in dem Roman 'Der Spieler' festgehalten hat. Von Fjodor Michailovitch Dostojevski ist hier die Rede, der zwischen 1863 und 1871 mehrfach das Wiesbadener Kasino besucht und dort, wie er seinem Bruder Mischa nach Rußland schreibt, ein Spielsystem erfunden habe, mit dem er beim Roulette sofort 10.000 Franken gewonnen habe. Ein Glück von kurzer Dauer, das schon bald wieder verspielt ist.

Da ich das unverhoffte Glück nicht unnötig herausfordern will, schiebe ich die mir während des Telefonats gekommenen Bedenken beiseite. Ich bitte Ingrid Mössinger, Emilia und Ilya Kabakov möglichst schonend 'beizubringen', daß die Ankunft des 'Roten Waggons' in Wiesbaden sofort arrangiert werden, eine Aufstellung dieser raumgreifenden Installation aber erst Jahre später erfolgen könne. In einer kurz darauf erfolgten persönlichen Kontaktaufnahme bestätigen die Kabakovs mir die Absprachen. Und bereits Ende November 94 landet der 'Rote Waggon' im Wiesbadener Museum, wo er, in Teile zerlegt und verpackt, in einem Depot eingelagert wird.

Ende 1998 reifen erste Pläne, den 'Roten Waggon' wieder zu beleben. Die Sanierung der Kunstsammlung ist ein Jahr zuvor abgeschlossen. In den neu hergerichteten Räumen sind erste Ausstellungen gezeigt und auch Arbeiten aus der Museumssammlung sind dort wieder zu sehen. Gespräche vor Ort mit Emilia und Ilya Kabakov führen zu dem Ergebnis, für den Oktober 1999 die Errichtung des 'Roten Waggons' im sogenannten Giraffensaal ins Auge zu fassen. Gesagt, getan: Ende September 1999 wird der 'Rote Waggon' aufgebaut, rechtzeitig, um Aufbau und Endzustand in die erst wenige Monate zuvor beschlossene Publikation mit aufzunehmen.

Da steht er nun, der 'Rote Wagon', der erdacht ist als poetische Allegorie auf die künstlerischen Hoffnungen, die nicht realisierten Träume und den Niedergang der ehemaligen Sowjetunion. Als vollständiges Quadrat des russischen Lebens veranschaulicht dieser falsche, räderlose und fahruntüchtige Waggon metaphorisch drei Perioden der sowjetischen Geschichte, die nahtlos ineinander übergehen: Den Anfang mit seiner Fülle an Utopien und Projekten für eine herrlich gedachte Zukunft. Dann das ewig scheinende Heute und 'Fest des Lebens und der Arbeit', bei dem alles in Bewegung ist und dennoch nur auf der Stelle tritt, weil seinem dunklen und hohlgewordenen Körper die Seele ausgeflogen ist. Und schließlich den Zerfall des Gebäudes, das für die Ewigkeit geplant gewesen ist, von dem aber nur ein Trümmerhaufen aus Rauch und verstreuten Splittern übriggeblieben ist.

Wie eine theatralisch gebaute Katharsis wirkt der 'Rote Waggon', der mit Ausdrucksformen operiert, die verschiedenen Künsten entlehnt sind: Dem Theater mit seinem szenischen Raum, dem Kino mit seinem Handlungszuschnitt in Sequenzen, der Literatur mit ihrer erzählenden Dimension und der Architektur mit ihrer räumlichen Präsenz. Die Musik verdoppelt die Sinntiefe und die Beleuchtung schafft erst die Perspektive. Der 'Rote Waggon' ist nicht mehr nur das Imitat einer denkmalhaften Erinnerung an eine vergangene Zeit, sondern zugleich der Ort ihres Prozesses, den der Betrachter räumlich und gedanklich durchschreiten muß, um die Geschichte der Sowjetunion zu verstehen.

Am Beginn der Reise steht die Leiter, die von der Erde aus in den Himmel ragt. Man denkt sofort an den Turm von Tatlin und die utopischen Projekte von Lissitzky, aber auch an den Mythos der Konstruktivisten, die das Himmelsgewölbe durch Luftschiffe, Metall- und Betonarchitekturen bewohnbar und beherrschbar machen wollen wie die Erde. Da sie gedanklich an der Seite der neuen Macht stehen, hoffen sie auf deren Mittel und Einfluß. Die Ironie des Schicksals: Die Mächtigen wenden sich ab und schenken einer anderen Ästhetik ihre Präferenz.

Der Mittelteil wird bestimmt durch einen rotfarbigen Waggon, der in Form und Aufbau der Leiter vollständig entgegengesetzt ist. Die Form wirkt banal und schwerfällig, irgendwie bedrückend herrschsüchtig und darauf aus, die Umgebung zu beeinflussen. Der Aufbau des Waggons entspricht einer sakralen Konstruktion. Ihre äußeren Säulen in Form von Latten verweisen auf die roten Fahnen, mit denen die Propagandawaggons aus der sowjetischen Frühzeit geschmückt gewesen sind. Das Innere ist ein Theater. Ilya Kabakov will die Macht und ihre visuellen Zeichen beschreiben, die auf die Jahre der Revolution folgt und nun in einer absolut traditionellen Form auftritt, der jede Neuigkeit und Avantgardismus zuwider ist.

Er führt einen roten Waggon vor, dessen Dekor zwar noch an die frühen Propaganda-Züge und -Schiffe von Altman, Lebeder, Vertov und Vesnin erinnern, in Stil und Themenwahl aber die neu verordnete Ästhetik des bolschewistischen Kommunismus vor Augen führt. Im anonymisierten Stil des sowjetischen Realismus zeigt er heldenhafte Darstellungen, die mit ihren Genres der Liebe, Arbeit und Natur den Betrachter begeistern und zum täglichen Kampf um die neu gesetzten Ziele und Aufgaben aufrufen soll. Die an der Stelle der Fenster plazierten Bilder entsprechen jener Weltsicht der Stalinzeit, auf die auch der Besucher im Wageninnern stößt.

Vergleichbar einem Theaterprospekt hat Ilya Kabakov an die Innenseite des Waggons ein wandfüllendes Bild plaziert. Ein rahmenloses Gemälde, das von Glück und Wohlstand auf Erden kündet. Eine breit angelegte Erzählung, die bei genauer Betrachtung sich aber entpuppt als allegorisches Vexierspiel, mit dem auf die tragischen Gegensätze zwischen den perfekten Bildern der sowjetischen Ideologie und den zerrütteten Zuständen ihrer verwirklichten Realität verwiesen werden soll. Verschiedene Motive aus den Epochen der sowjetischen Geschichte sind symbiotisch zu einer Gesamtschau komponiert. Die den Himmel durchziehenden Luftschiffe, Flugzeuge und Fallschirme berichten von der Idee der zwanziger Jahre, Maschinen an die Stelle der menschlichen Arbeit treten zu lassen. Die Ideen der dreißiger Jahre finden ihre Gestalt in einem irdischen Paradies aus ewigem Sommer, großen Gebäuden mit antiken Säulen und der Natur als prachtvoll entwickeltem Garten. Und auch die Ideologie der fünfziger Jahre findet reichlich Platz in den Abbildern der neuen Sowjetmenschen.

Die doppeldeutige Sinntiefe der ausgebreiteten Erzählung findet ihre Entsprechung in einer Beleuchtung, die das gemalte Tableau ohne Tiefengrund in ein infernalisches Licht taucht und vom übrigen Innenraum des Waggons abtrennt. Der vorgestellte Traum vom Leben in Glück und Wohlstand entschwindet in der Ferne. Die angekündigte Aufführung muß ausfallen. Das Innere des Waggons erweist sich eintönig wie ein potemkinscher Prospekt. Nach einer Zeit vergeblichen Wartens verläßt der Besucher enttäuscht den Ort. Denn die Reise ist beendet.

Dies ist spätestens der Moment, in dem beim Abstieg über die Hintertreppe und den Müllhaufen die Agonie des Systems offen zutage tritt. Offenbar wird, daß die Fahruntüchtigkeit des 'Roten Waggons' schon in der Idee angelegt ist. Seine Räderlosigkeit kommt nicht daher, daß er die Räder auf dem Weg verloren hätte. Er wurde von Anfang an ohne Räder gebaut. Eben ein falscher Waggon, der sich trotz aller Versuche nicht bewegen läßt.

Mit dem Einzug des 'Roten Waggon' in den Giraffensaal soll in diesem Katalog auch ein wenig über die Geschichte seiner bisherigen Odyssee berichtet werden. Die Anregung zu einer solchen Publikation stammt von Nicola von Velsen, die vor einigen Jahren den vergeblichen Versuch unternommen hat, den 'Roten Waggon' und seine Geschichte in zwei Buchdeckeln einzufangen. Hier nun der zweite Versuch, diese wechselvolle Geschichte nachzuzeichnen. Viel Lese- und Augenspaß dabei.

Volker Rattemeyer
How the Red Wagon came to the Museum Wiesbaden

Within the context of a visit to the Kunstsammlung Nordrhein-Westfalen in Düsseldorf to view its collection, I had occasion in the summer of 1986 to stop at the Düsseldorfer Kunstverein as well. The Kunstverein was showing the exhibition 'Ilya Kabakov Am Rande', which presented me my first opportunity to become acquainted with an artist whose name and art I had never encountered before.

The comprised primarily works on paper (albums and drawings) covering a period of some 20 years. The works speak of an artist who, as a narrator, tells stories whose content and form represent neither a revival traditional pictorial ideas familiar to historians of art nor to an attempt to reactivate the ideologically tinted art of the Stalinist Soviet Union. Instead, Kabakov was presented to a broader German public for the first time as a draftsman, painter and object-artist in works of art that, clothed in narrative garb, have distanced themselves markedly from everyday Russian art and its historically outdated forms of representation.

A visual artist and master story-teller who denies neither his identity nor his roots in Russian culture, although the sources and presentation of his themes are enriched beyond their own context by aspects suggesting an extensive grasp of developments in western art. The artistic point of view from which Ilya Kabakov recalls the myth of the Russian avant-garde, without seeking recourse in a fundamentalist vernacular, much less in an ideological language, can also be interpreted as a categorical answer to those positions in modern art whose advocates continue to place a premium upon sense and meaning, defending them stubbornly, although their own actions are devoid of vision and their reflections upon them have long since been drained of meaning.

I felt a remarkable attraction to the work of this artist. It ideally suited for an everyday life in which, as Boris Groys explains, 'there is room for everything, even for inner visions and theoretical constructions, but where everything remains relative, transient, factual and subject to the laws of space and time'. In the works shown at the Düsseldorf Kabakov exhibition I detected a consistency, a density and a world of ideas which I could only grasp in a summary fashion, as I did not speak Russian, was familiar only with certain facets of Russian culture and art and would not become acquainted with life in the Soviet Union or Russia until a short while later.

Despite these handicaps, I have retained a memory of a narrative oeuvre that tends to swing back and forth in an unusual mixture between two poles. Etched in my mind is an impression of works in which the juxtaposition of visual images and commentary pursues the objective of avoiding the proclamation of hidden or even absolute truth while pointing instead to the trivial, everyday situation that is also present in the works. Also vivid is the recollection of works that function like a small theatre with a stage on which actors are replaced by questions posed by unidentifiable people. And the two albums 'Der im Schrank sitzende Primakov' and 'Der Kritzler Malygin', both beautifully crafted volumes with colour illustrations, have also left lasting impressions: the first of a series of black pages with which in an allusion to Malevich's famous 'Black Square' a playful narrative about the boy sitting in the dark cupboard begins; the latter of margins adorned with a wide variety of motifs that encircle and decorate the large void of central fields of the separate album pages.

I left the exhibition with the firm resolve to find more information about Ilya Kabakov, the man and his work a wish that could not be fulfilled immediately, due to a pressing workload, and which I have been able to cater to rather more randomly than consistently during the ensuing years. At exhibitions in which Ilya Kabakov appeared along with other artists I had the opportunity to view and admire other recent and older works, albeit without even approaching a more comprehensive understanding of his complete oeuvre.

At the ninth documenta (1992) in Kassel I discovered in the courtyard of the Museum Fridericianum a replica of a public toilet of the type erected near bus stops and railroad stations found throughout the rural areas of the Soviet Union during the 1960s and 1970s. In the low, confining space inside the 'Toilet' (as the title identified this installation), Kabakov had built a completely furnished apartment so precise, normal-looking and detailed that the 'toilet'-user cannot avoid the impression that its inhabitant has just stepped out to visit a neighbour. A 'completely normal life in the toilet', as Ilya Kabakov remarks, adding: 'Does anything else need to be said about this metaphor?'
Wouldn't it be wonderful, I thought, to be able to organise an exhibition for this artist at the Museum Wiesbaden. His art would fit perfectly into the program of the 'Silent Avant-Garde' section. On the return journey from Kassel to Wiesbaden I played out the idea of such a project in a number of different variations in my thoughts. Unfortunately, I was compelled to resign myself to the likelihood that the idea would remain but a dream. There were simply too many apparently immovable obstacles to overcome: exhibitions already planned that would tie up our resources for years; the budget problems plaguing the Museum Wiesbaden, which were already taking on dramatic proportions; and the renovation of the rooms of the art collection, for which the plans, at least, had already been drawn up an undertaking that would impose severe limitations on our ability to present temporary exhibitions or show the collection for several years. I decided to put the whole thing out of my mind for the time being and hope for better times.

My hope must have been heard. I was totally surprised to receive a call from Ingrid Mössinger, at that time still director of the Ludwigsburger Kunstverein, in October of 1994. She told me that she had reached an agreement with Emilia and Ilya Kabakov to have the 'Red Wagon', which was then parked outside the Museum für Angewandte Kunst in Vienna, transported to the Museum Wiesbaden after the close of the Vienna exhibition. Only in Wiesbaden, she said in the city and at the museum that have so many historical ties to Russia would the 'Red Wagon' find its ideal location.

Stimulated by our desire to encourage each other and affirm the correctness of the site decision, we began to cite some of the historical links between Russia and Wiesbaden that occurred to us both spontaneously: the Russian Church on the Neroberg, built in the mid-19th century for the Nassau Duchess and Russian Grand Princess Elisabeth Michajlovna, who died at an early age; a burial church also referred to by natives of Wiesbaden as the 'Greek Chapel', for which its architect Philipp Hoffmann took inspiration from the Church of the Redeemer in Moscow; the Russian Cemetery on the Neroberg, also erected by Philipp Hoffmann in the vicinity of the Russian Church following its completion a treasure of cultural history with an impressive array of graves bearing witness above all to the interwoven Russian and German intellectual currents and family alliances during the last third of the 19th and the early years of the 20th century, it is also a necropolis which will soon be in urgent need of rigorous restoration work and the last resting place of Alexej von Jawlensky.

Apropos of Alexej von Jawlensky: Our discussion naturally turned as well to the Russian 'Painter of 20th-Century Icons', who lived in Wiesbaden from 1921 until his death in 1941. It was his works his portraits, still lifes and landscapes, his 'Variations', 'Constructive Heads' and 'Meditations' that first brought international acclaim to the Museum Wiesbaden. Indeed, this focal point of the Wiesbaden collection surpasses all of the comparable museum collections in Europe in terms of quality, magnitude and diversity. We were also reminded that yet another Russian of international literary repute gained very practical experience in the treatment of his gambling addiction and his poor health (topics with which he dealt in his novel 'The Gambler') in Wiesbaden. He, of course, was Fyodor Michailovich Dostojevski, who visited the Wiesbaden Casino several times between 1863 and 1871 and invented a gambling system, as he wrote to his brother Misha in Russia, with which he immediately won 10,000 francs at the roulette table a stroke of luck that would be short-lived.

Not wanting to press my own unexpected luck unnecessarily, I put aside the reservations that had occurred to me during this telephone conversation for the moment. I asked Ingrid Mössinger to inform Emilia and Ilya Kabakov as 'gently' as possible that arrangements for the arrival of the 'Red Wagon' in Wiesbaden would be made immediately, but that an exhibition of this expansive installation could not be realised until several years later. In a personal conversation with me that took place shortly afterward, the Kabakovs confirmed these agreements. The 'Red Wagon' arrived at the Museum Wiesbaden in late November 1994, where it was disassembled, packed and stored in a depository.

It was not until late 1998 that plans for the revival of the 'Red Wagon' began to take shape. The renovation of the art collection had been completed the previous year. The first exhibitions had been presented in the newly refurbished rooms, and works from the museum collection were once again on view. Discussions with Emilia and Ilya Kabakov at the museum led to an agreement to set our sights on erecting the 'Red Wagon' in the so-called Giraffe Room in October 1999. Thus said and and thus done: The 'Red Wagon' was put in place in time to have the installation process and the final product covered in the catalogue we had decided to publish only a few months before.

There it now stands, the 'Red Wagon', a work conceived as a poetic allegory of artists' hopes, unrealised dreams and the demise of the former Soviet Union. As a complete square of Russian life, this wheelless, immovable, false railroad car illustrates three periods of Soviet history joined by seamless transitions: the beginning, with its abundant utopias and projects for a proposed glorious future; then the seemingly eternal present and the 'Feast of Life and Labour', in which everything is in flux yet everything remains at a standstill, as the soul has departed from its dark and hollowed body; and finally the collapse of the structure that had been planned for eternity, of which nothing but heaps of rubble, smoke and scattered fragments remains.

The 'Red Wagon' evokes the effect of a theatrical catharsis. It operates with forms of expression adapted from a number of different arts: from the theatre, with its scenic space, from the cinema, with its plot sequences, from literature, with its narrative dimension, and from architecture, with its spatial presence. Music doubles the depth of meaning, and the lighting generates perspective. The 'Red Wagon' is not merely the imitation of a commemorative recollection of a past era, it is also the setting for its process, through which the viewer must pass both spatially and intellectually in order to understand the history of the Soviet Union.

The journey begins at the ladder that rises from the earth toward the heavens. One is reminded immediately of Tatlin's tower and Lissitzky's utopian projects but also of the mythology of the Constructivists, who sought to make the vault of heaven inhabitable and subject to man's will, like the earth, with their dirigibles and their metal and concrete architectures. Because their ideas conformed to those of the new regime, they hoped to profit from its resources and its influence. As fate would have it, the powerful turned away and gave preference to a different aesthetic.

The most prominent part of the middle section is a Red Wagon whose shape and structure is diametrically opposed to that of the ladder.

The form has a banal, cumbersome look; it seems somehow depressingly domineering and intent upon influencing its surroundings. The structure of the car corresponds to the design of a sacred place. Its outside columns made of thin boards refer to the red flags that decorated the propaganda cars during the early years of the Soviet era. The interior is a theatre. Ilya Kabakov wants to describe the power, and its visual symbols, that followed the years of revolution and eventually assumed an absolute, traditional form that opposed all innovation and avant-garde tendencies.

Kabakov presents a Red Wagon with a decor reminiscent of the early propaganda trains and ships of Altman, Lebeder, Vertov and Vesnin, while the style and themes, on the other hand, illustrate the newly imposed aesthetic of Bolshevik Communism. In the impersonal style of Soviet Realism, he presents heroic scenes with genres of love, labour and nature meant to engender enthusiasm in the viewer and to serve as an appeal to pursue the day-to-day struggle on behalf of the new goals and tasks. The paintings mounted in place of windows represent the Stalinist world view, which viewers encounter again inside the car.

In the style of a theatre program, Ilya Kabakov mounted a painting that covers an entire wall inside the car: a frameless painting that proclaims happiness and prosperity on earth. It is a broad-based narrative which, upon closer inspection, turns out to be an allegorical puzzle intended as a reference to the tragic contradictions between the perfect images of Soviet ideology and the miserable conditions that characterised the living reality. Various different motifs from the phases of Soviet history are composed in a symbiotic complex to form a total picture. The dirigibles, aeroplanes and parachutes that fill the sky speak of the popular 1920s idea of having machines replace human labour. The ideas of the 1930s take form in an earthly paradise of eternal summer, huge buildings with classical columns and nature as a splendidly flourishing garden. And the ideology of the 1950s is also given abundant space in the images of the new Soviet citizens.

The ambiguous profundity of meaning in this broadly composed narrative finds its counterpart in the lighting, which immerses the painted tableau in an infernal light without depth and separates it from the interior of the car. The dream of a life of happiness and prosperity illustrated in the painting disappears into the distance. The scheduled performance must be cancelled. The interior of the car proves to be as monotonous as a Potemkin vista. After a period of waiting in vain, the viewer leaves in disappointment; for the journey has come to an end.

This is the point, at the very latest, at which the agony of the Soviet system becomes fully apparent, as visitors descend down the rear stairs and over the trash heap. It is now quite obvious that the seed of that idea is already contained in the immobility of the 'Red Wagon'. Its lack of wheels is not the result of their having been lost along the way. The car was built without wheels. It is indeed a false railroad car that cannot be budged despite all attempts to get it rolling.

With the arrival of the 'Red Wagon' in the Giraffe Room, it is also appropriate to recount some of the history of its odyssey in a catalogue. The idea for this plan originally came from Nicola von Velsen, who launched an unsuccessful attempt to capture the Red Wagon between the covers of a book several years ago. This publication, then, is the second attempt to relate its colourful history. I wish readers a great deal of reading and viewing enjoyment.

Ilya Kabakov in seinem Atelier in Moskau, 1981
Ilya Kabakov in his studio in Moscow, 1981

Ilya Kabakov, Skizze für den Roten Waggon, 1990, Kugelschreiber auf Papier, 21 x 29,7 cm
Ilya Kabakov, sketch for 'The Red Wagon', 1990, ballpoint on paper, 21 x 29,7 cm

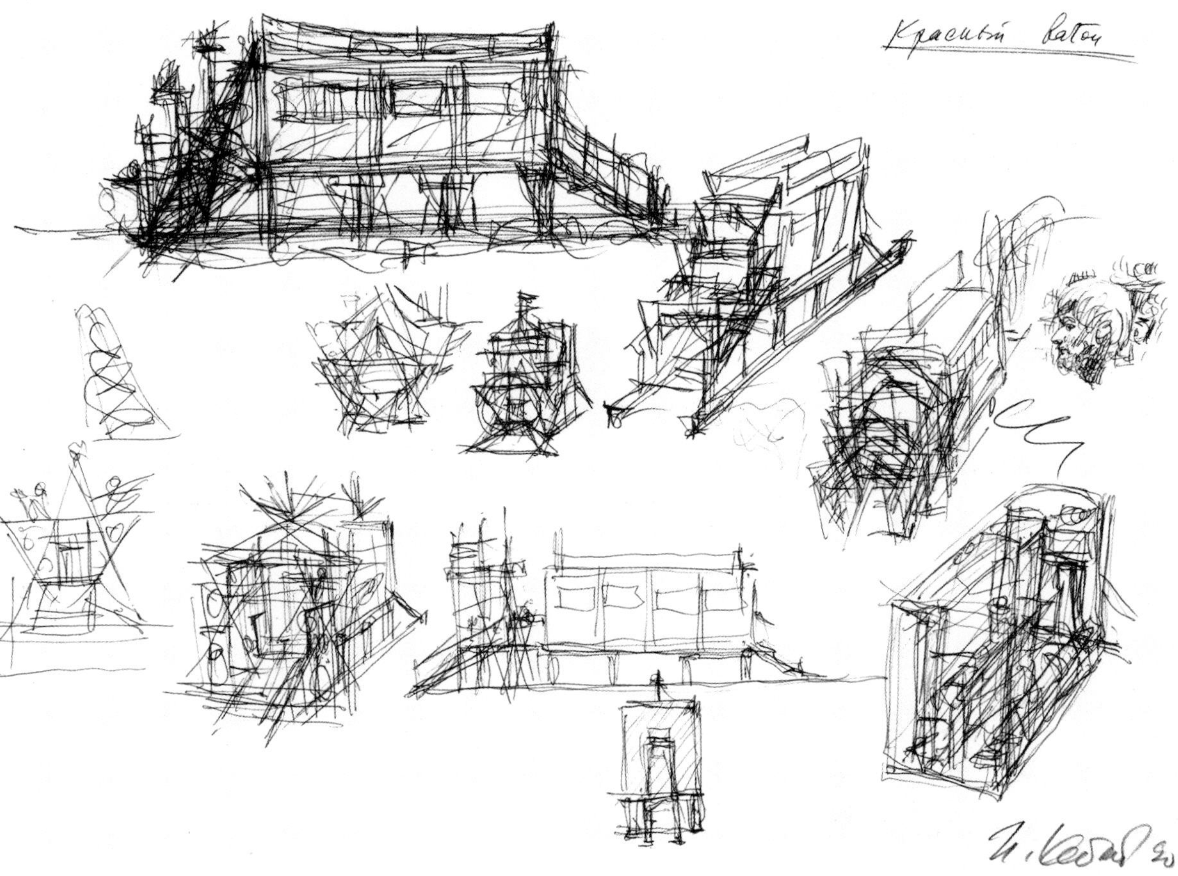

Ilya Kabakov, Skizze für den Roten Waggon, 1990, Kugelschreiber auf Papier, 21 x 29,7 cm
Ilya Kabakov, sketch for 'The Red Wagon', 1990, ballpoint on paper, 21 x 29,7 cm

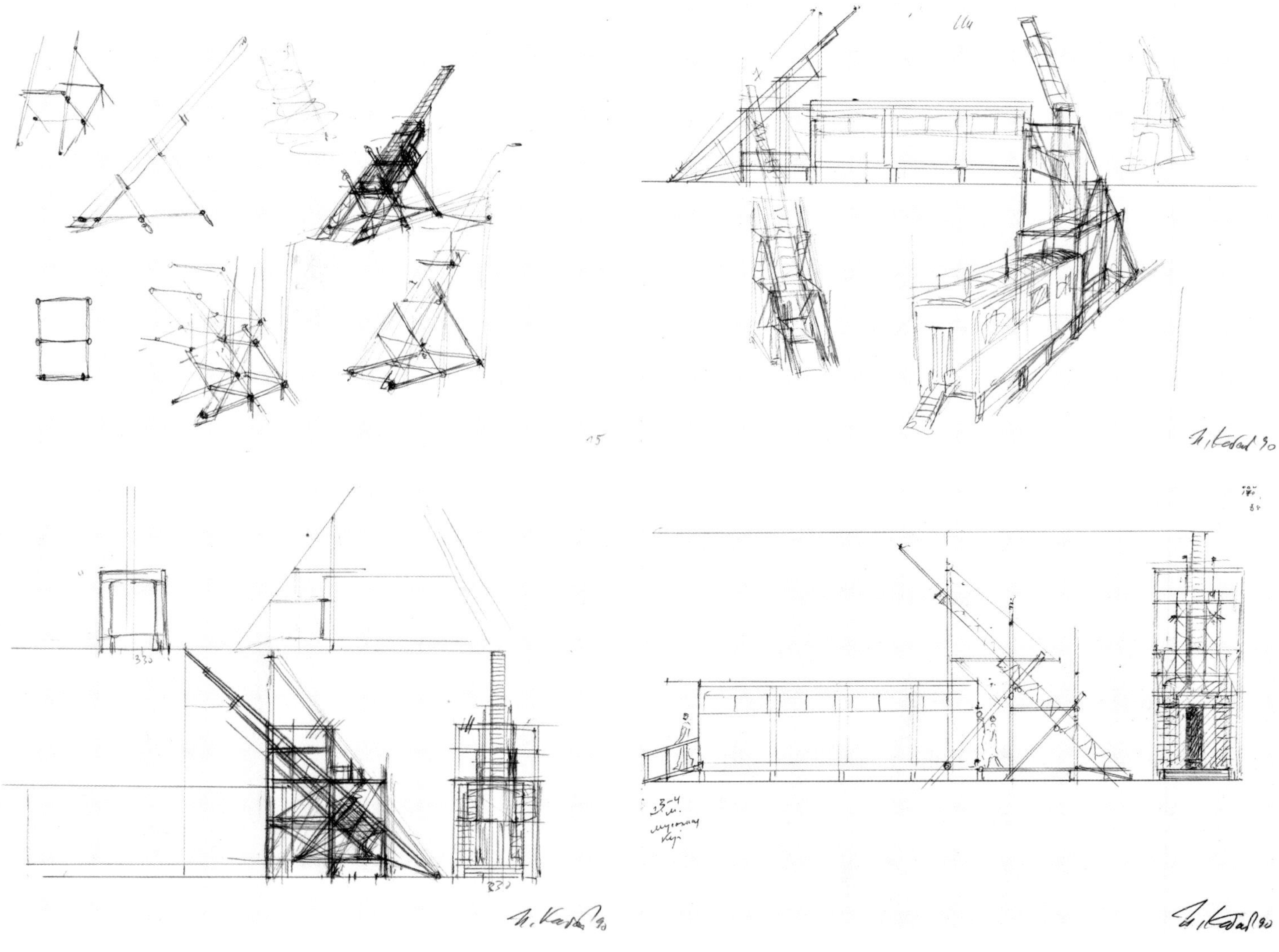

Ilya Kabakov, 4 Skizzen für den Roten Waggon, 1990,
Kugelschreiber auf Papier, je 21 x 29,7 cm

Ilya Kabakov, 4 sketches for 'The Red Wagon', 1990,
ballpoint on paper, 21 x 29,7 cm each

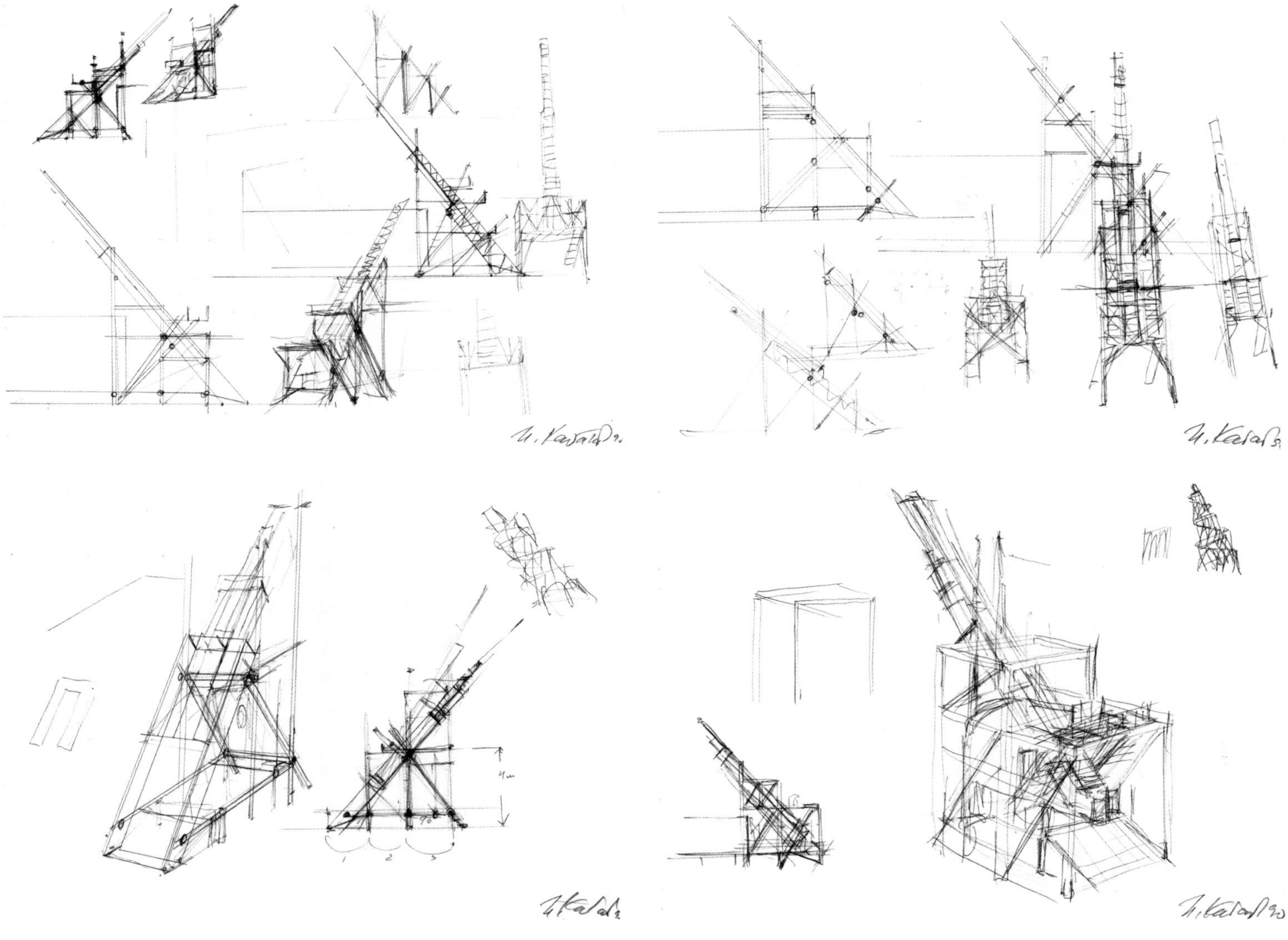

Ilya Kabakov, 4 Skizzen für den Roten Waggon, 1990,
Kugelschreiber auf Papier, je 21 x 29,7 cm

Ilya Kabakov, 4 sketches for 'The Red Wagon', 1990,
ballpoint on paper, 21 x 29,7 cm each

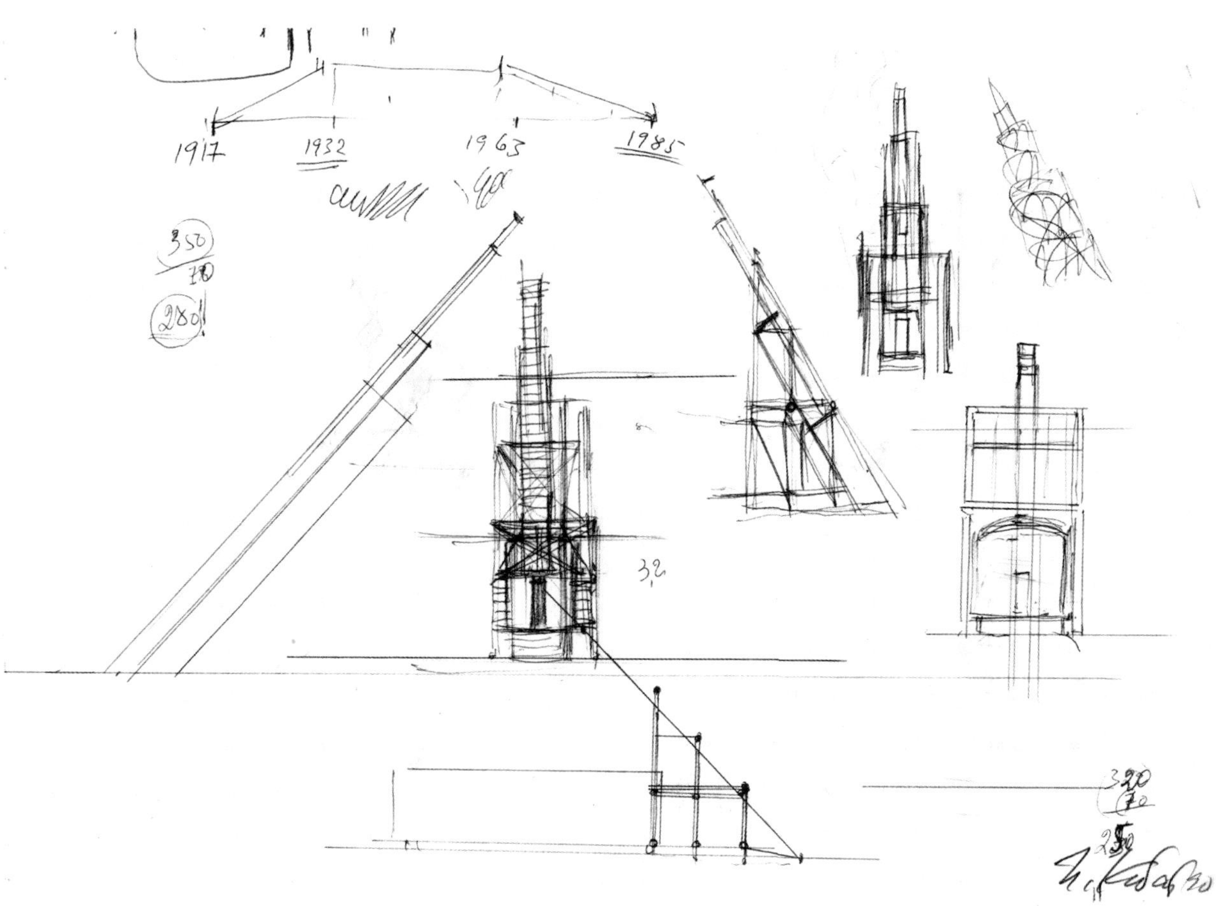

Ilya Kabakov, Skizze für den Roten Waggon, 1990, Kugelschreiber auf Papier, 21 x 29,7 cm
Ilya Kabakov, sketch for 'The Red Wagon', 1990, ballpoint on paper, 21 x 29,7 cm

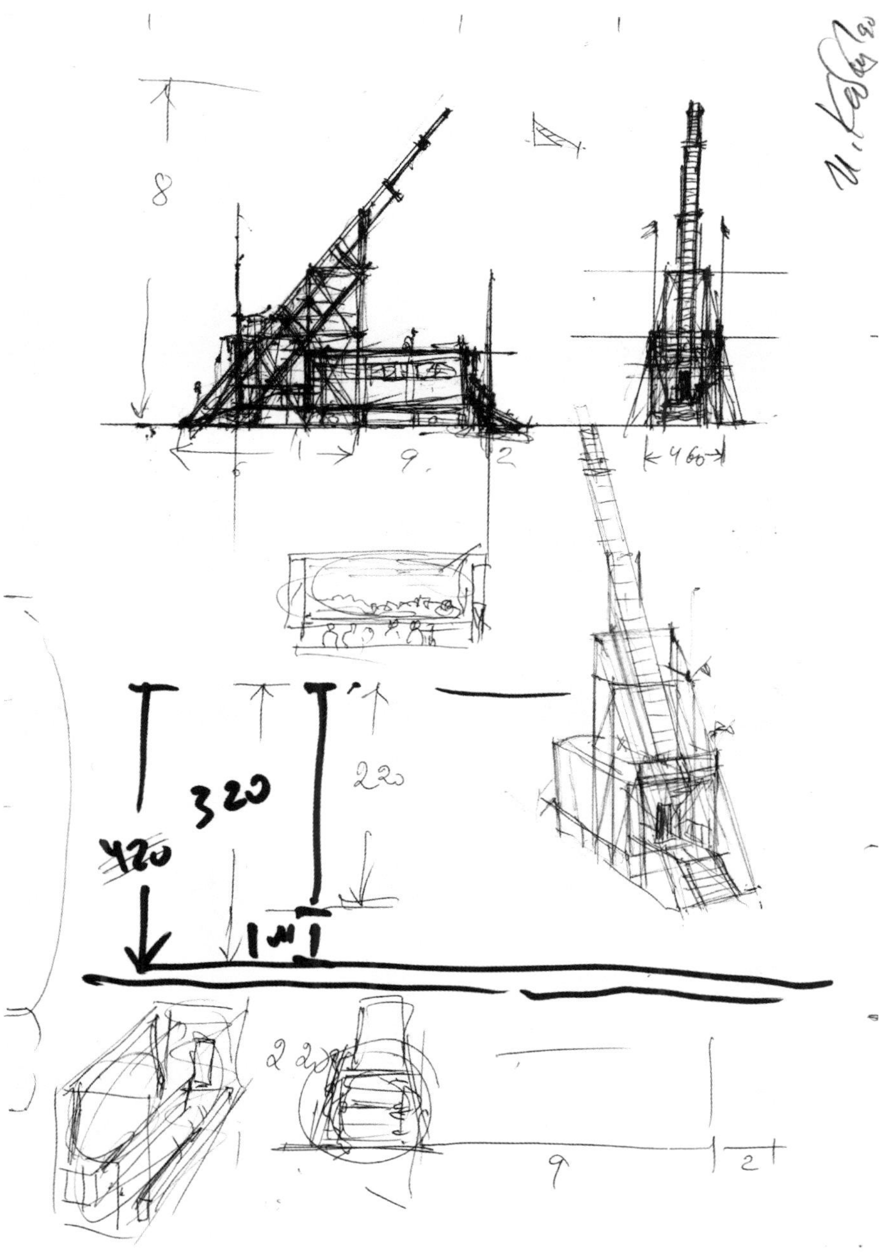

Ilya Kabakov, Skizze für den Roten Waggon, 1990, Kugelschreiber und Filzstift auf Papier, 29,7 x 21 cm/Ilya Kabakov, sketch for 'The Red Wagon', 1990, ballpoint and felt-pen on paper, 29,7 x 21 cm

Ilya Kabakov
Zur Geschichte des 'Roten Waggon'

Die Idee zum Bau des 'Roten Waggon' hatte ich im Sommer 1989 in West-Berlin, wo ich damals dank eines Stipendiums des DAAD (Deutscher Akademischer Austauschdienst) für ein Jahr lebte. 'Der Rote Waggon' wurde konzipiert als Versuch, die ernormen historischen Entwicklungen der vergangenen 70 Jahre in einer einzigen Arbeit zu beschreiben - ein historiographisches Vorgehen, das typisch war für viele Historien-Maler des 19. Jahrhunderts.

Skizzen und Entwürfe für den 'Roten Waggon' wurden in Aquarell und als Tuschezeichnungen ausgeführt und mit Maßangaben versehen. Im Oktober 1989 waren die Planungen beendet. Im Sommer 1990 wurden Ausführungspläne und Konstruktionszeichnungen mit allen erforderlichen technischen Angaben fertiggestellt. Im Herbst 1990 entstanden sechzehn Ölgemälde, die einen Teil der Installation bilden sollten. Zur gleichen Zeit wurden die Treppe und andere Architektur-Elemente, die zum Waggon gehören, gebaut.

Der Waggon selbst ist innen mit einem Stereo-Kassettenspieler mit automatischem Rücklauf ausgestattet. Abgespielt wird eine Kassette mit sowjetischen Liedern der 30er Jahre. Man konnte diese Lieder während der gesamten Ausstellungsdauer im Innern des Waggons hören. Ausgeleuchtet ist das Waggoninnere durch eine Reihe spezieller Lampen, die in Längsrichtung im niedrigeren Teil des Waggons installiert sind. Die Lampen sind so ausgerichtet, daß ihr Licht auf die innen angebrachten Gemälde fällt.

Der Zusammenbau und der Anstrich des Waggons waren auf März 1991 terminiert. All diese Arbeiten fanden in meinem Pariser Studio statt. Nach ihrer Beendigung wurde die Installation wieder in ihre Einzelteile zerlegt und in zwei schweren Lastwagen zur Kunsthalle Düsseldorf befördert, wo sie erneut zusammengesetzt und von April bis Juli 1991 in einer Ausstellung gezeigt wurde. Nach der Düsseldorfer Ausstellung wurde die Installation wieder zerlegt und in drei Containern von je sechs Metern Länge zum Hamburger Hafen und von dort aus auf dem Seeweg nach Haifa transportiert.

In Jerusalem, wo die 'Binationale', die Ausstellung mit sowjetischen und israelischen Künstlern, die zuvor in Düsseldorf zu sehen war, gegenwärtig gezeigt wird, ist die Arbeit nicht ausgestellt. Nach dem Ende der Jerusalemer Ausstellung soll 'Der Rote Waggon' als Teil der dritten und letzten Station der 'Binationale' in einer Ausstellung im 'Artists House' in Moskau gezeigt werden. Danach soll er nach Paris zurückkehren. Die Arbeit ist im Besitz von Mme Dina Vierny, Paris.

Herbst 1991

Ilya Kabakov
'The Red Wagon': History

The idea of creating 'The Red Wagon' came to me in summer 1989 in West Berlin where I was residing grace to the courtesy of DAAD (Deutscher Akademischer Austauschdienst) on an annual artistic stipend. 'The Red Wagon' was conceived as an attempt to describe enormous historical developments of the last 70 years in one work - a historiographic ambition typical for many XIXth century history painters.

Sketches and projects of 'The Red Wagon' have been made in the form of watercolor and chinese ink drawings with measurements applied. The planning was finished by October 1989. Thumbnails and engineering projects containing all technical requirements for the construction were ready by summer 1990. In autumn of 1990 sixteen oil paintings were created that were designed as a part of the installation. At the same time the staircase was built as well as other architectural elements that make part of the wagon.

The wagon itself was supplied with a stereo cassette player with automatic reverse tape function, located in its internal part. That cassette player was loaded with an audio cassette containing Soviet songs of the 30-s. These songs were heard inside the wagon during all the months it has been on show. The inner portion of the wagon was illuminated by a row of special lamps that were fixed to the longitudinal supporting carcasse, situated in the lower part of the wagon. These lamps were oriented in such a way that their light was cast on the paintings installed inside the wagon.

Assembling and painting of the wagon was terminated by March 1991. All the construction works took place in my Paris studio. After it was finished, the installation was dismembered and delivered in two heavy camion trucks to Dusseldorf Kunsthalle, where it was reassembled and shown from April till June 1991. After the Dusseldorf exhibition the installation was disassembled, packed into 3 containers, each one of them 6 metres long, delivered to the Hamburg seaport and shipped to Haifa by boat.

Currently it is not on show at the Jerusalem museum, as part of the exhibition of Soviet and Israeli painters, called 'Binationale' that was on show in Dusseldorf Kunsthalle. After the end of the Jerusalem exhibition 'The Red Wagon' is scheduled to appear on show in Moscow's 'Artists' House' which is the third and the last stage of the 'Binationale' exhibition. After that 'The Red Wagon' is supported to return to Paris. The installation is property of Mme Dina Vierny, Paris.

Autumn 1991

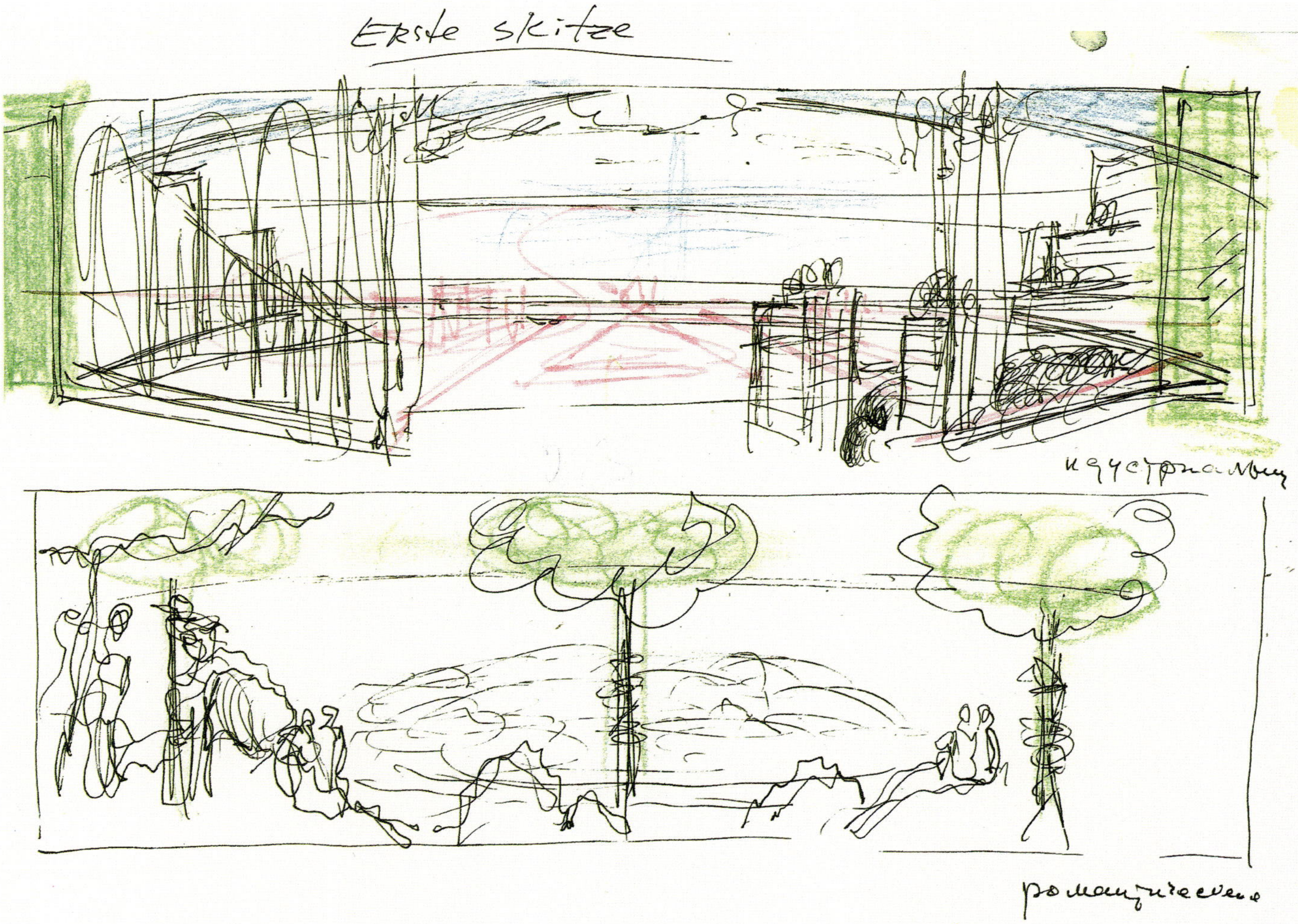

Ilya Kabakov, Skizze für den Roten Waggon, 1991/Ilya Kabakov, sketch for 'The Red Wagon', 1991

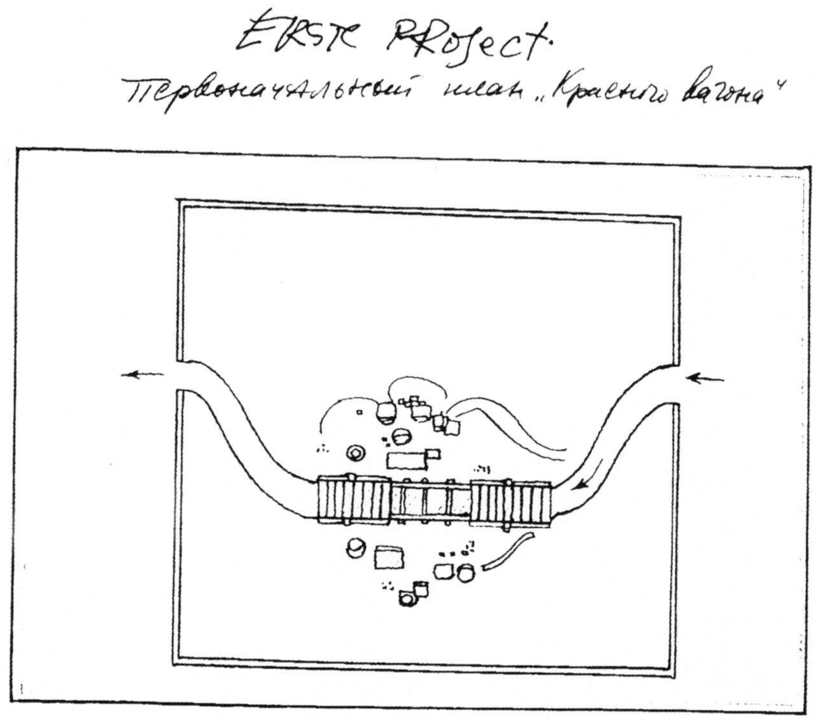

Ilya Kabakov, Skizze für den Roten Waggon, 1991, Tusche auf Papier, 21 x 29,7 cm
Ilya Kabakov, sketch for 'The Red Wagon', 1991, ink on paper, 21 x 29,7 cm

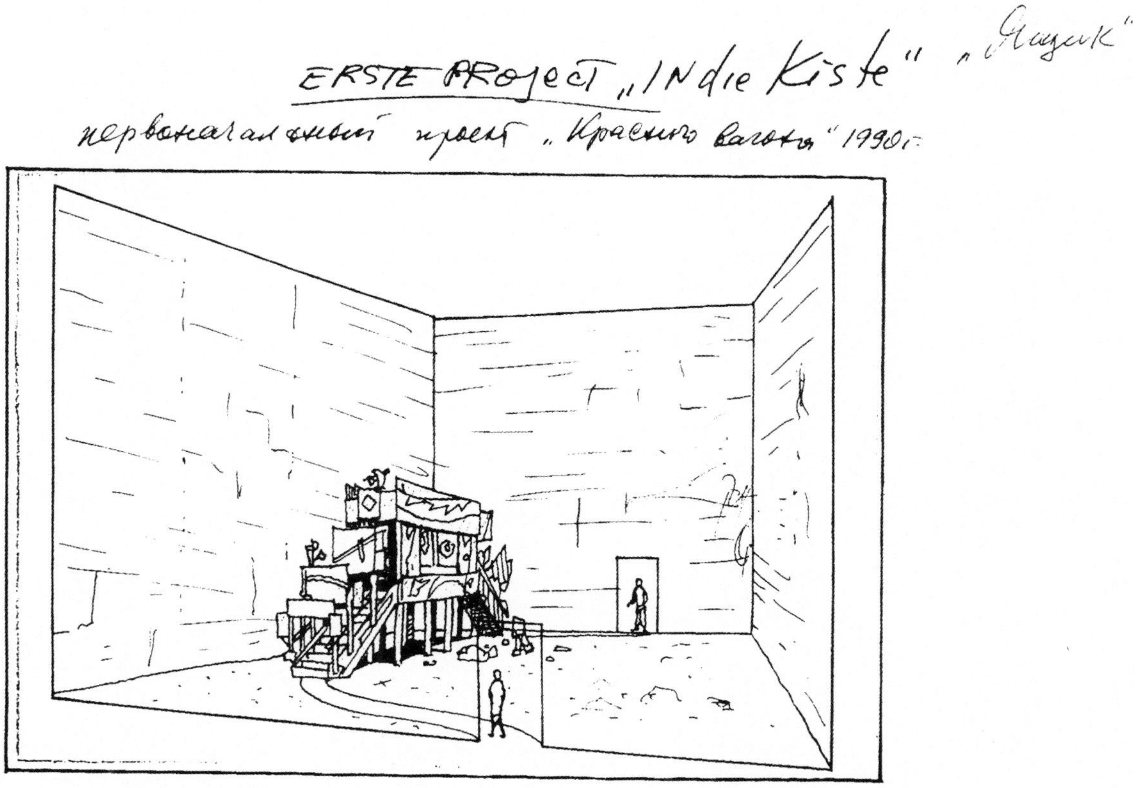

Ilya Kabakov, Skizze für den Roten Waggon, 1991, Tusche auf Papier, 21 x 29,7 cm
Ilya Kabakov, sketch for 'The Red Wagon', 1991, ink on paper, 21 x 29,7 cm

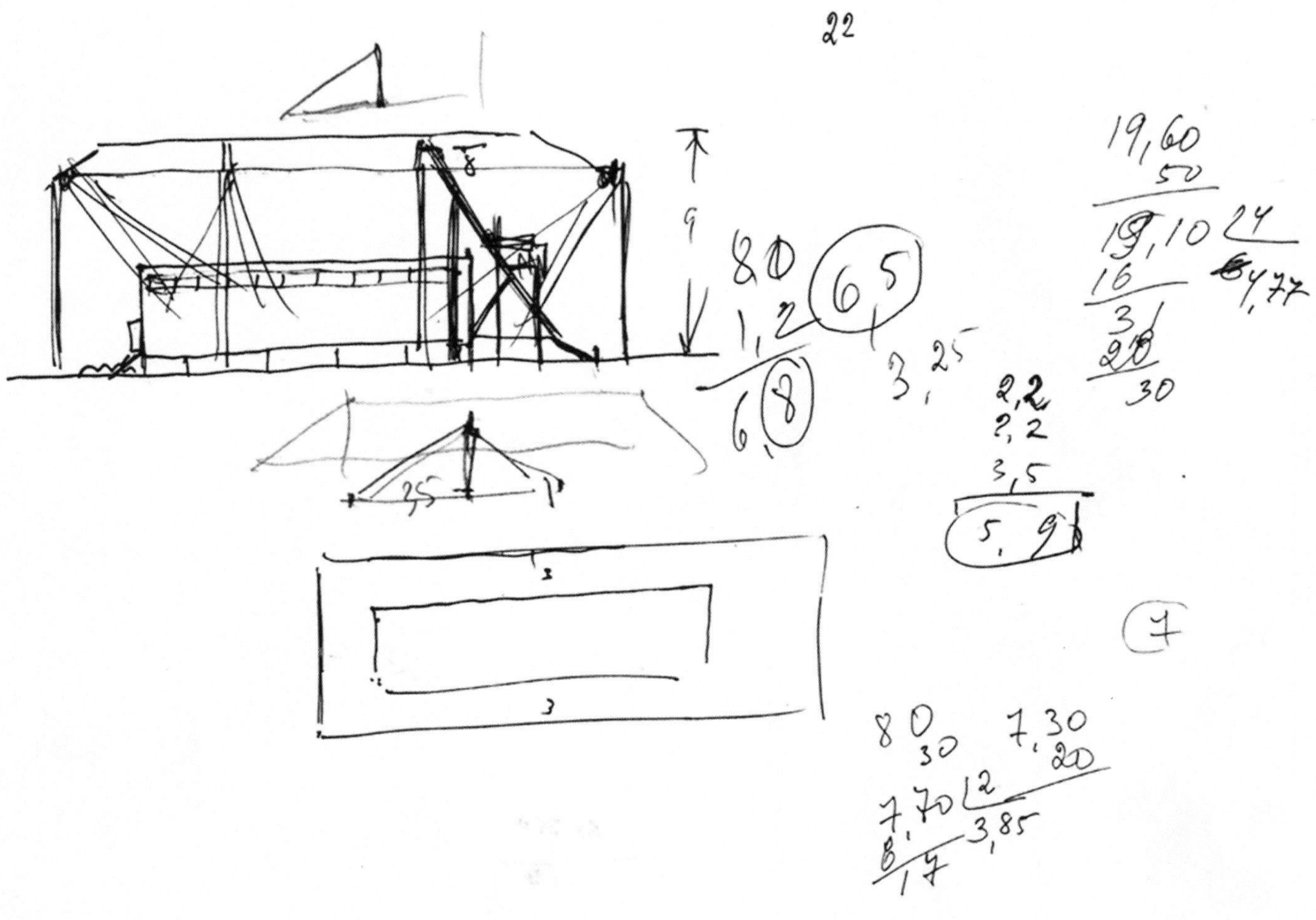

Ilya Kabakov, Skizze für den Roten Waggon, 1991, Bleistift auf Papier, 21,7 x 27,9 cm
Ilya Kabakov, sketch for The Red Wagon, 1991, pencil on paper, 21,7 x 27,9 cm

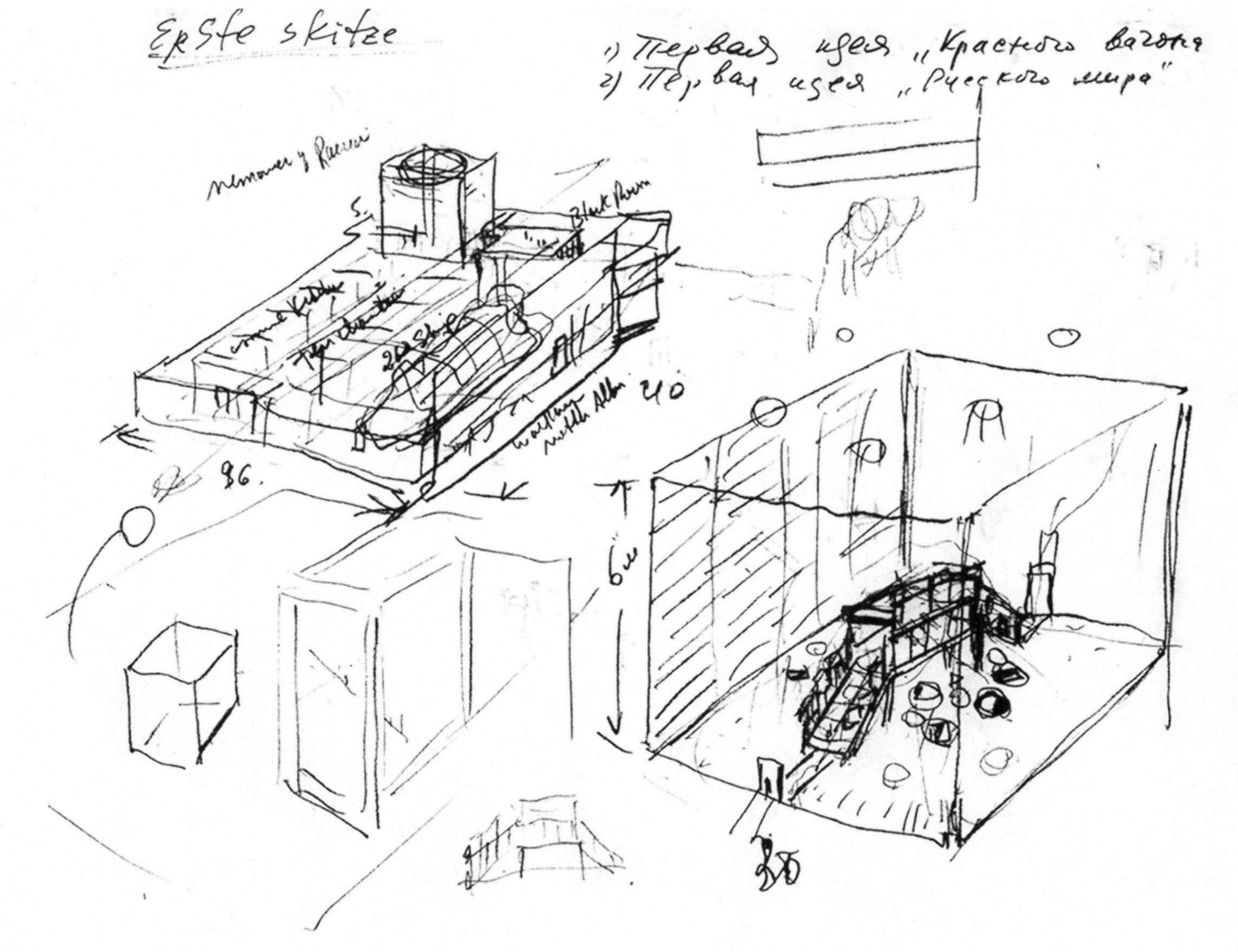

Ilya Kabakov, Skizze für den Roten Waggon, 1991, Bleistift auf Papier, 21,7 x 27,9 cm
Ilya Kabakov, sketch for The Red Wagon, 1991, pencil on paper, 21,7 x 27,9 cm

Ilya Kabakov
Die Konzeption des 'Roten Waggon'

Die Installation besteht aus drei Teilen, die eine geschlossene Einheit bilden. Die Gesamtlänge der Installation beträgt 17 Meter, ihre Breite 3,5 Meter und die Höhe 7 Meter.

Der erste Teil der Installation, bei dem die Besichtigung anfängt und der auch den Eingang bildet, ist eine Holzkonstruktion im 'konstruktivistischen' Stil der zwanziger Jahre, eine aus mehreren Elementen zusammengefügte Leiter, die die Bewegung nach oben versinnbildlicht: In den Weltraum, in den Himmel, in eine herrliche Zukunft. Auf dem obersten Gipfel befinden sich viele Fahnen, Wimpel und Transparente. Dort oben, im Himmel, herrscht ein Fest.

Der 'Rote Waggon' ist an der Rückseite dieser Konstruktion angebaut - ein 9 Meter langer Holzkasten, der einem Waggon ähnelt und mit rotbrauner 'Waggonfarbe' angestrichen ist. Statt auf Rädern steht er auf niedrigen Holzklötzen. An beiden Seiten hängen - anstelle von Fenstern - Gemälde im Stil des 'sozialistischen Realismus'. Der Betrachter geht hinein und gelangt in einen ziemlich langen, dunklen Raum. Entlang der linken Seite erstreckt sich über die gesamte Länge eine zweistufige, zum Sitzen einladende Bank, während der rechte Teil des Waggons wie eine Bühne gestaltet ist, auf der hinter einer hölzernen Barriere jeden Augenblick die Handlung beginnen könnte. Der Hintergrund dieser Bühne ist sehr gut ausgeleuchtet und zeigt eine typische Landschaft aus 'unserer Heimat'. Im Vordergrund sind Menschen dargestellt, die diese Landschaft betrachten.

Die Zuschauer, die in den Waggon kommen, setzen sich auf die Bank und warten auf den Beginn der Vorstellung. Es vergehen fünf, acht, zehn Minuten. Nichts passiert. Niemand erscheint aus den beiden hohen Schränken, die auf den Seiten der Bühne stehen. Nichts, außer absurder, trostloser Ungewißheit und drückender Erwartung. (Das ist auch der 'Hauptinhalt' des Waggons.) Der Zuschauer wartet, solange seine Geduld reicht und geht irgendwann weg. Dabei benutzt er eine Tür, die derjenigen gegenüberliegt, durch die er den Raum betreten hat.

Hinter dieser Tür findet er eine kleine Treppe, die er jedoch nur mit Mühe, sich am Geländer festhaltend, hinabsteigen kann: Fast alle Stufen sind beschädigt. Hinter dem Waggon schließlich herrscht schreckliches Chaos, große Haufen von Trödel und Müll liegen herum: Zerrissenes Packpapier, Bretter, Kartons, leere Kisten, Dinge, die nach einem Bau liegenbleiben. Der Zuschauer erkennt diesen Müll wieder: Es ist das, was nach Errichtung und Bemalung der ersten beiden Teile der Installation, der 'Leiter' und des 'Waggons', übriggeblieben ist, all das, was weggeräumt werden sollte - aber vielleicht hat man es nicht geschafft, oder man wird es später wegtragen, oder man hat es einfach vergessen, das ist nicht klar. Dieser Müllhaufen bildet aufgrund seiner Größe, vor allem aber wegen seines Inhalts, den gleichgewichtigen dritten Teil der Installation.

Es war ungefähr 1985, als ich, wie viele meiner Freunde auch, erkannte, daß das Energietief in unserem Land auf das Ende einer wichtigen Epoche der sowjetischen Geschichte hindeutete. Eine neue, 'außergeschichtliche' Zeit hatte begonnen. Deutlich spürte ich aber auch, daß mit diesem Jahr nicht nur eine bestimmte Periode zu Ende gegangen war, sondern daß diese ganze 'sowjetische Geschichte', die im Oktober 1917 begonnen hatte, aufhörte und nie zurückkehren würde. Das, was ewig zu dauern schien, platzte leise und floß aus, wie eine alte, schmerzende Eiterbeule.

Es war unendlich wichtig, diese 'sowjetische' Zeit von ihrem Anfang bis zu ihrem Ende zu begreifen, sie widerzuspiegeln, zu beschreiben und, wie es heißt, zu 'verewigen', weil sich nie, weder früher noch später, in der Geschichte etwas Ähnliches wiederholen wird. Aber wie, auf welche Art und Weise läßt sich diese sowjetische Geschichte in ihrer in sich geschlossenen Entwicklung anschaulich darstellen? In meiner Vorstellung erscheint sie mir in Gestalt eines Bogens, irgendeiner 'Brücke'.

Ihre erste Periode, noch voller Glaube, Enthusiasmus und Hoffnung auf den Aufbau einer leuchtenden, herrlichen Zukunft, erscheint mir als der erste Teil der Brücke, der nach oben führt. Zeitlich gesehen ist das die Periode von Oktober 1917 bis zum Jahr 1932, dem Jahr des 'Parteitags der Sieger', die fast vollständig von Stalin hingerichtet wurden.

Die zweite Periode ist das darauf folgende 'ewige stalinistische Paradies': Die ferne Zukunft würde in einem Augenblick da sein und zu einem ewigen herrlichen 'Jetzt' werden. Die Zeit würde stehenbleiben, wie es sich für das Paradies gehört, und alles würde auf ewig erblühen und unter der Sonne Stalins und seinem wachsamen Blick niemals welken. Diese Zeit von 1932 bis 1963 kann man sich als die Mitte der 'Brücke' vorstellen, als ihren ebenen, horizontalen Teil.

Schließlich beginnt die dritte sowjetische Periode von 1963 bis 1985, in der sich alles, wie von einer Brücke hinunter, auf das unvermeidliche Ende zubewegt. Diese 'Breschnewperiode' ist die Zeit des beschleunigten inneren Zerfalls, eine Periode der allmählichen Zerstörung jener mächtigen vier 'Säulen', auf denen sich die scheinbar für Jahrhunderte gebaute 'große mächtige Sowjetunion' hielt: Ideologie, Wirtschaft, Außenpolitik und militärische Stärke. Unsere Generation konnte noch bewußt die 'siegreiche' zweite Periode mitbekommen und in vollem Umfang die Periode des Niedergangs und Zerfalls erleben und damit vom Ende zum Anfang jenes schrecklichen Märchens blicken, das sich nicht in einer imaginären Phantasiewelt abspielte, sondern in der Wirklichkeit.

Ganz deutlich erscheint mir (vor allem dank Boris Groys' Buch 'Gesamtkunstwerk Stalin'), daß diese drei Perioden mit drei wichtigen Stationen in der Entwicklung der bildenden Kunst in unserem Land zusammenfallen: Die Periode des Avantgardismus, die Periode der Blüte des 'sozialistischen Realismus' und die Periode der inoffiziellen Kunst ('Soz Art' u.a.), die einander nicht widersprechen und nicht ausschließen, sondern eine Gesamtheit bilden.

Um die 'sowjetische Geschichte' als jene Brücke zu schildern, bietet es sich deswegen förmlich an, sie als eine besondere Art von Zusammenschluß dieser drei künstlerischen Systeme darzustellen, wobei deutlich wird, was sie gemeinsam haben und was sie unterscheidet.

Für die Schaffung eines klaren und geschlossenen Bildes erscheint mir dies aber zu anschaulich und illustrativ. Eine komplexere Lösung ist nötig, die alle drei Teile der 'Brücke der Künste' eher verborgen enthalten und ein neues Ganzes bilden.

Die Installation 'Der Rote Waggon' scheint mir eine solche Lösung zu sein. Sie ist eine Darstellung des Weges, den der Betrachter passieren muß, um auch physisch Anfang, Mitte und Ende zu spüren, indem er die Unmöglichkeit, die Leiter zum Himmel zu erklimmen, durchlebt und die quälende Langeweile des endlosen Wartens, um sich schließlich zwischen Haufen von Müll, Bruchstücken und nichtigem Kleinkram wiederzufinden.

Herbst 1991

Ilya Kabakov
The concept of 'The Red Wagon'

The installation consists of three parts, assembled as a whole unit. The unit is 17 metres long, 3,5 metres broad and 7 metres high. The first part, i.e. beginning of the installation and the entrance into the installation, represents a wooden structure, conforming the 'constructivist' style of the 1920-s. It is built in the form of complex, multicomponent stairs, leading up - in fact, it is the way up, to outer soarce, to heaven, the movements towards the brilliant future. The upper end of the stairs is decorated by numerous flags, banners and slogans - there is a festival going on in heaven.

Behind the stairs one finds 'The Red Wagon'. It is a 9 metres long wooden box, reassembling a wagon, painted in dark-red colors and mounted on short wooden platforms instead of wheels. Instead of windows the wagon has paintings, marked with the touch of 'socialist realism' style. When the spectator enters the wagon, he finds himself in a rather dark and oblong compartment. On the left side there stands a bench, stretching all along the wagon wall. On the right there is a structure, looking like a scene behind a barrier. It looks like some performance is about to begin on the scene. The rear part of the scene is brightly illuminated. One sees a beautiful landscape painted there, with endless woods in perspective. In the frontal plain of the painting one sees people, who enjoy that landscape. Spectators, who have entered the wagon, sit down on the bench, waiting for the performance to begin. But 5, 8, 10 minutes pass - and nothing happens. No one appears from within the two high boxes, aligning the scene from two sides. Nothing but the absurd gloomy uncertainty, the dull waiting process (this process constitutes the main 'contents' of the wagon). The spectator leaves the wagon through the door opposite to the one he had entered, after having waited in vain for as long as his patience permitted him to.

Behind the wagon's door he finds short stairs, but it is hard to descend them because they are broken, and one has to clutch the porches tightly in order not to fall down. Chaos and disaster reign behind the wagon. One sees big heaps of rubbish and garbage, torn shreds of paper, pieces of plywood, empty boxes, deserted containers - things that usually remain after big construction works have been finished. The spectator is familiar with all this rubbish - he sees whatever has been used and left after the construction of the previous two parts of the installation: the stairs and the wagon. The garbage is either about to be cleaned and thrown away, or it will be cleaned later, or it is just forgotten and left here forever - the whole business is rather unclear, but one can tell for sure, judging by the garbage heap's dimensions and origins, that it constitutes the integral third part of the installation as a whole.

By 1985 some strange decline and apathy in the Soviet society made me and many of my friends feel, that some important period of our 'Soviet history' has come to an end. Some new and 'non-historic' era has begun. As for me personally, I felt, that not only a certain period, but also the 'Soviet history' as a whole, starting from October 1917, is ended and will never come back. Things that were expected to last forever, were quietly blown up and leaked out like pus from an old and aching putrescent fistula.

And it became extremely important to realise this 'Soviet time' from its first to its last moment, and somehow to reflect, depict and 'memorize' it, as nothing like it ever had been or will be in human history. But how does one represent the Soviet history visually in its development? In my imagination it could be best portrayed as a kind of an arch, a 'bridge'. First period, full of faith, enthusiasm, hopes for building a luminous future, corresponds to the first portion of the bridge - the ascending one. Chronologically it may be defined as the period from October 1917 till 1932 - the year, when the 'Triumph of Socialism' was proclaimed at the XVII Communist party congress (afterwards nearly all delegates of that congress were executed by Stalin). Next period is the one of the eternal 'Soviet Stalinist Paradise', when the remote future instantly came true and became the eternal beautiful 'now'. Time has stopped, as it always happens in Paradise, and everything started blossoming forever under the sun of Stalin's Constitution and his vigilant eye. That was the period from 1936 till 1963, and it can be represented as the medium section of the bridge - its plain horizontal part. And finally there is the third period since 1963 till 1985, when everything started moving towards the inevitably nearing end, as if descending the bridge. It is the 'Brezhnevian' period, time of accelerated decay and decadence, marked by the decline and fall of the four 'Foundations', on which the 'great and mighty Soviet Union' seemed to dwell eternally. The Foundations were: ideology, economy, foreign policy and military strength. My generation has caught up with the 'victorious' second period, then lived throughout the entire phase of decline and decay - thus gaining the opportunity to view the whole 'horror fairy tale' from the end to the beginning retrospectively.

But it also became clear to me (especially after Boris Groys's book 'Stalin's Wholesome Artistic Oeuvre' was published) that the three periods mentioned above correspond with the three stages of Soviet art development in the XXth century. First came the avant-garde, then the 'socialist realism' started to blossom and finally the unofficial art (like the 'sots-art' et al.) emerged. Neither of the three contradicted the previous - on the contrary, the three of them represent integral stages in one wholesome and consistent sequential process.

That is why all 'soviet history' could be portrayed as a 'bridge', as a specific combination and merger of the three art styles, displaying these styles both in their dissimilarity and in their likeness.

But such a scheme would have been too simplified and illustrative to provide a basis for a consistent and bright image of the history as a whole. It required a more complex and elaborate solution, where all the three components of the 'arts bridge' would have been represented more delicately, forming a new and unique whole.

'The Red Wagon' installation seems to be such a solution. It marks the way that the spectator must go to physically experience the beginning, the medium stage and the end. He is to fail in the effort to reach the heaven, then live through period of frustrating and fruitless anticipation - only to find himself standing in heaps of rubbish and junk at the end of the road.

Autumn 1991

Ilya Kabakov, Skizze für den Roten Waggon, 1991, Kohle auf Papier/Ilya Kabakov, sketch for The Red Wagon, 1991, coal on paper

Ilya Kabakov, Skizze für den Roten Waggon, 1991, Aquarell und Tusche auf Papier

Kabakov, sketch for The Red Wagon, 1991, watercolor and ink on paper

Ilya Kabakov, Skizze für den Roten Waggon, 1991, Aquarell und Tusche auf Papier

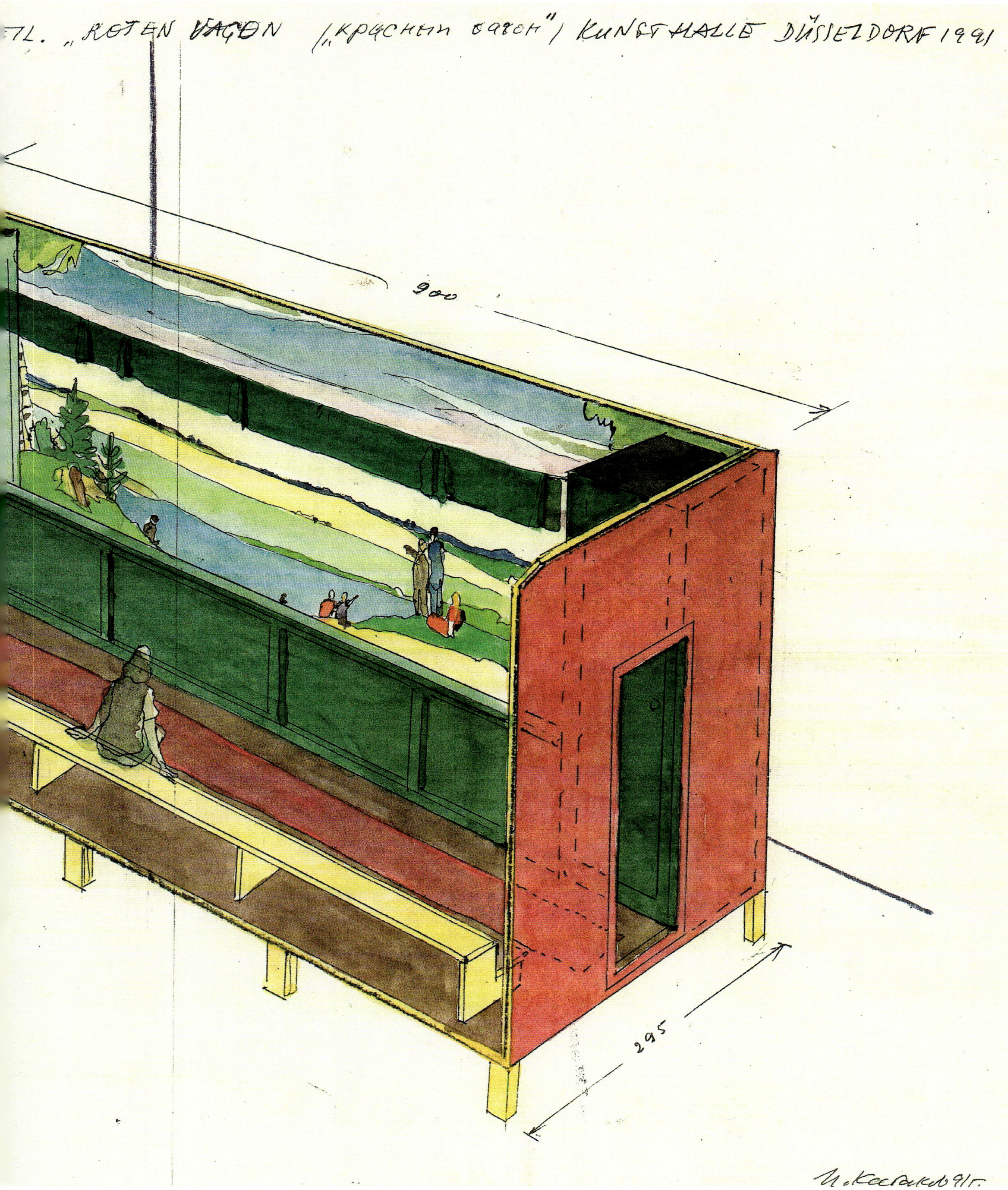

Kabakov, sketch for The Red Wagon, 1991, watercolor and ink on paper

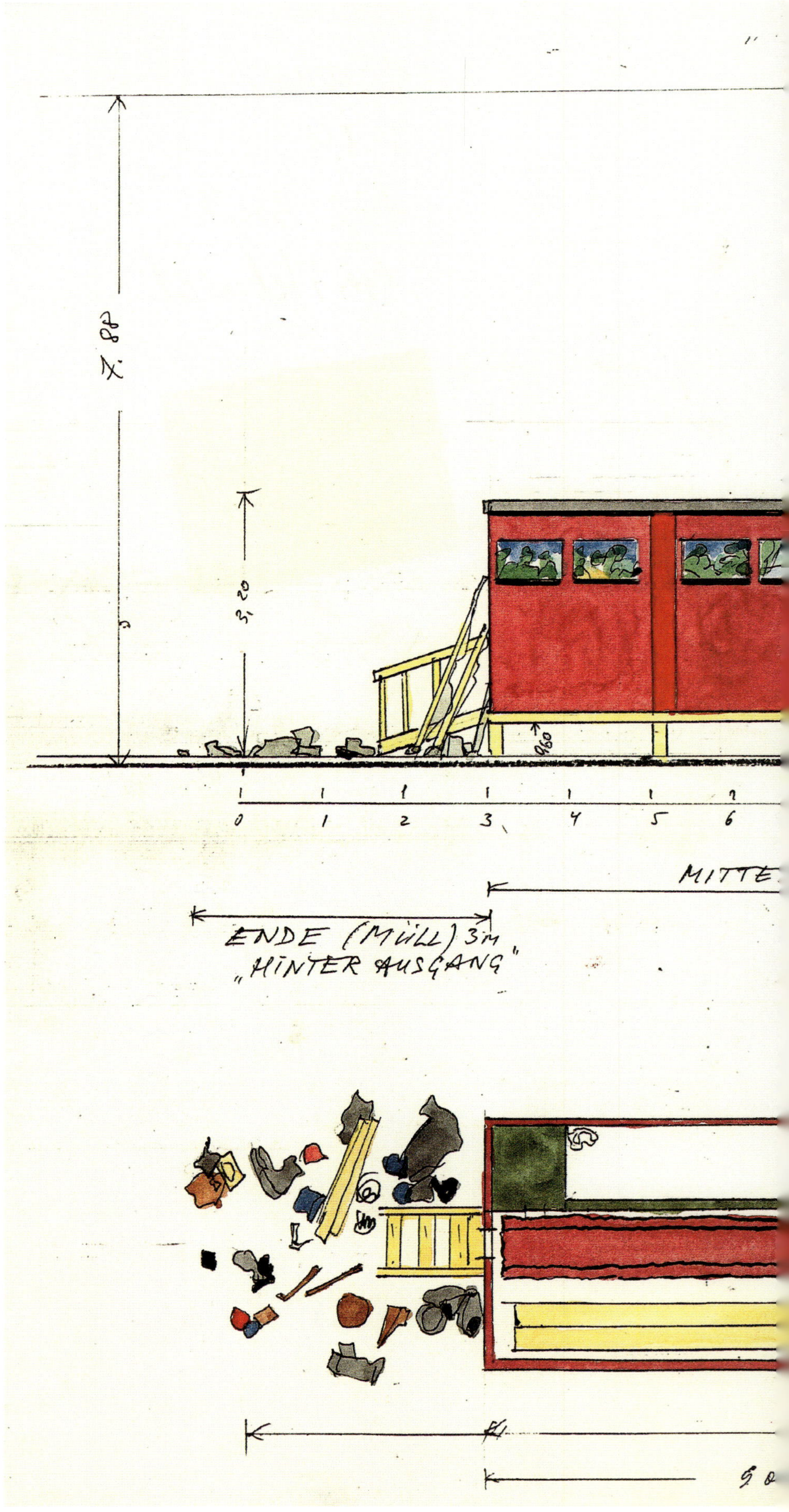

Ilya Kabakov, Skizze für den Roten Waggon, 1991, Aquarell und Tusche auf Papier

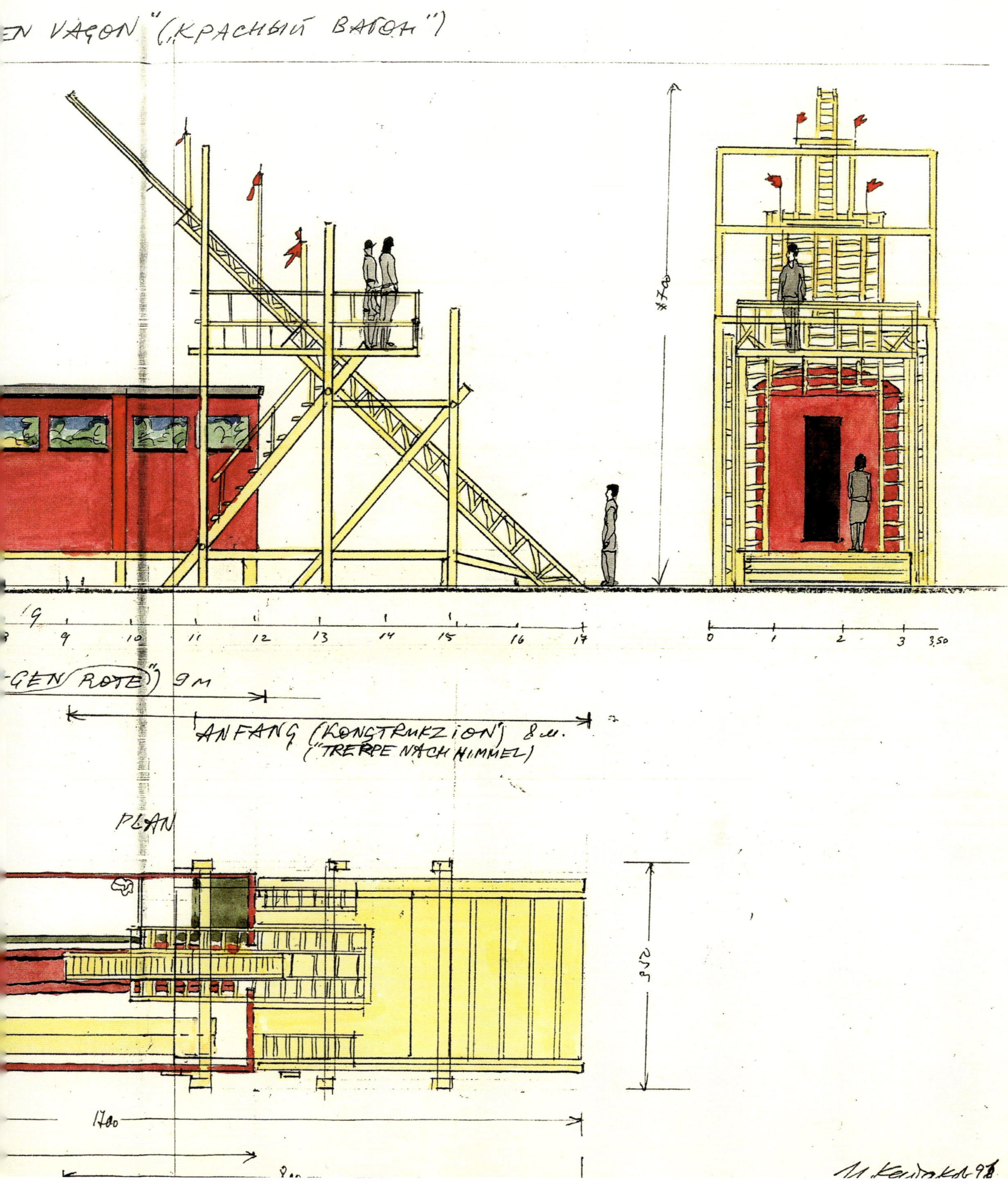

Kabakov, sketch for The Red Wagon, 1991, watercolor and ink on paper

Ilya Kabakov

Die Musik zur Installation 'Der Rote Waggon'

An dieser Stelle möchte ich darüber sprechen, welche - nicht nur ergänzende, sondern tatsächlich zentrale, konstitutive - Rolle die Musik in dieser Installation spielt und zugleich beschreiben, wie mein Entwurf, der so klar, fertig und leicht zu realisieren schien, ziemlich radikale Veränderungen durchmachte, bis er schließlich 'funktionierte'.

Ich fange mit dem letzteren an. Wände, Decke und Fußboden des Waggons sowie die 'Leiter'-Konstruktion waren in einer professionellen Tischler-Werkstatt in der Nähe von Mittenville (bei Paris) hergestellt und 'zur Feinbearbeitung' in einem riesigen Gebäude neben meiner Werkstatt, der sogenannten 'Kathedrale' von Mittenville auf dem Landgut von Madame Vierny, dank deren Unterstützung dieses Projekt realisiert werden konnte, zusammengebaut worden.

Seinen wirklichen 'Tauglichkeits'-Test erlebte der 'Waggon' allerdings erst nach seiner Aufstellung im 8 Meter hohen, mit Oberlicht versehenen Saal der Kunsthalle Düsseldorf, für den er konzipiert war und wo er, in seine Einzelteile zerlegt, aus Mittenville eintraf.

Hier nun, beim Aufbau, einen Tag vor Eröffnung der Ausstellung, zeigte sich, daß er nicht 'funktionierte', nicht 'funktionieren' wollte. Der so gut und schön ausgedachte und im Entwurf beschriebene Rundgang der Betrachter mit dem erwarteten Verweilen im Waggon-Inneren kam einfach nicht zustande. Der Betrachter stieg über das Brettergerüst, trat durch die offene Tür in den Waggon, soweit verlief alles nach Plan - doch er machte keine Anstalten, im Innern zu verweilen und die angestrahlte Landschaft an der Wand zu betrachten, geschweige denn, sich auf die Bank zu setzen und zu WARTEN. Ohne dieses Verweilen aber, ohne dieses Innehalten, verlor die Installation all ihren Sinn.

Ohne noch den Hauptgrund für mein Scheitern zu verstehen, vermutete ich ihn nicht ganz zu unrecht in der schlecht gewählten Musik im Waggon, ein paar von Mischa Gulko gesungenen russischen Liedern auf Kassette. Diese 'kleine Emigranten-Auswahl', dazu gedacht, in einem Restaurant in Brooklyn nostalgische Stimmung zu verbreiten, machte in der Düsseldorfer Installation einen exotischen, falschen Eindruck und weckte nicht nur keinerlei Erinnerungen, sondern verwandelte das Ganze in eine Art Schaubude.

Doch neben der Musik war die Installation mit einem weiteren schweren Fehler behaftet. Es hatte mit dem Rundgang der Betrachter zu tun und war für mich einfach nicht faßbar. Ich saß lange im Waggon, stellte das Licht unter dem 'Bild' stärker oder schwächer, den Ton lauter oder leiser und hatte keine Ahnung, was ich tun sollte. Die Installation war vollkommen gescheitert, die richtige Lösung nirgends in Sicht.

Und hier möchte ich laut und deutlich, sozusagen 'vor dem Angesicht der Geschichte', von jener wahrhaft mystischen Rolle berichten, die mein alter Freund, der große Musiker Wolodja Tarassow, spielte. Es hat in meinem Leben immer wieder Situationen gegeben, in denen seine Anwesenheit mich gerettet, wie ein starker Katalysator gewirkt und alle Dinge an ihren Platz gerückt hat.

Beim 'Roten Waggon' also geschah folgendes. Wolodja hatte, und das ist eines der eben beschriebenen Zusammentreffen, eine Kassette dabei, die Aufzeichnung seines Musikstücks 'Drumtheater', genauer, eine der Komponenten dieses Stücks. Es handelte sich dabei um einen Zyklus sowjetischer Lieder der 30er und 40er Jahre, Überspielungen von alten Platten mit entsprechender Wiedergabequalität: Knistern, Nadelkratzen u.ä. Doch erstaunlicherweise wirken all diese Lieder vom Glück, von der Liebe und der Freude, die früher so falsch klangen und uns vor dem Hintergrund unserer alptraumhaften Wirklichkeit in den Ohren schrillten, heute absolut echt und haben eine bezaubernde Anziehungskraft und Verlockung. Worin das Geheimnis besteht, weiß ich nicht zu sagen.

Doch weiter. Nachdem Wolodja eine Weile in einer gewissen Versunkenheit und Zerstreutheit im Waggon gesessen hatte, sagte er plötzlich, ich solle die Vordertür zumachen und abschließen, die Tür, durch die die Betrachter den Waggon betreten können, wenn sie von der Fassade her über das Gerüst kommen. Warum er das sagte, wie er auf diese Idee kam, konnte er mir anschließend, so viel ich auch fragte, nicht erklären. (Von seiner unwahrscheinlichen, unglaublichen Fähigkeit, fast unmittelbar die zentrale Absicht anderer Künstler, seiner Freunde, zu erfassen, konnte ich mich viele Male überzeugen, aber das ist ein anderes Thema.)

Dieser Vorschlag löste das ganze Problem. Plötzlich 'funktionierte' die Installation wie ein gut eingerichteter Mechanismus, nun hatte sie die gewünschte, in ihrer Idee angelegte Wirkung.

Was war geschehen? Was hatte diese konstruktive Veränderung bewirkt und wie 'funktionierte' die Musik im Verhältnis zur Bewegung des Betrachters im und um den 'Roten Waggon'?

Ich versuche es zu beschreiben.

Die erste falsche Annahme, die meinem Entwurf zugrundegelegen hatte, war, daß der Betrachter beim Anblick der 'Fassade' des Waggons sofort über das Gerüst in sein Inneres eintreten würde. Wie sich zeigte, tat er das keineswegs. So wie der 'Rote Waggon' nämlich im Raum der Kunsthalle stand, stellte er eine Art Skulptur dar, und die normale Reaktion des Betrachters war, selbst wenn er von der Fassade her an sie herantrat (so war es in der Kunsthalle vorgesehen), nicht der Wunsch, über das Gerüst hochzusteigen, sondern seitlich um die Installation herumzugehen und sie von allen Seiten zu betrachten. Das taten eigentlich alle. Sobald der Betrachter aber an der Längsseite des Waggons stand und die acht an den Wänden hängenden Bilder ansah, klang Musik aus dem Innern des Waggons zu ihm herüber. Nun ging er weiter um die Skulptur herum und kam ans Ende des Waggons, wo die Musik immer lauter wurde. Wenn er um die Ecke bog, entdeckte er in der Rückwand des Waggons die offene Tür und die Leiter, über die man ins Innere gelangen konnte. Die Musik kam aus dieser Tür, und nach allen bekannten Gesetzen der Neugier kletterte der Betrachter hoch und schaute hinein, um zu erfahren, was dort drinnen passiert.

Das Innere des Waggons ist fast dunkel, links vom Eingang erstreckt sich über die ganze Wand ein von unten angestrahltes Bild. Der ganze Raum ist erfüllt von den Klängen alter, sentimentaler Melodien. Und erst jetzt setzt sich der Betrachter auf die Bank, verweilt in einer sonderbaren Selbstvergessenheit, mag kaum noch aufstehen, um den Waggon zu verlassen (das bestätigen viele, die dort waren). Doch ich wiederhole, daß dieser Effekt nur zustandekommt in Verbindung mit der Aktion eines 'zufälligen Vorbeischauens', das der Betrachter für seine spontane Eingebung hält, ohne zu ahnen, daß es so vorgesehen ist. (Außerdem transportiert dieser 'Hintereingang' einen zusätzlichen Sinn: Ist nicht der auf ewig verschlossene Haupteingang und das Eintreten durch die Seiten- oder Hintertür typisch für alle sowjetischen Gebäude?)

Alles oben Beschriebene funktioniert jetzt in einer neuen Einheit. Bevor der Betrachter ins Innere des Waggons gerät, sieht er die Installation von außen und empfindet sie als sonderbar monströse, häßliche Anlage, als Beispiel für die offizielle ideologische Propaganda. Doch im Inneren des Waggons erlebt er eine andere Atmosphäre. Die Dunkelheit taucht ihn in Erinnerungen, die Melodien klingen wie Stimmen der fernen Vergangenheit, vor ihm steht ein schöner Traum - die Stadt der Zukunft: Luftschiffe schweben über den Häusern, ihre Passagiere sinken an Fallschirmen zu ihren Wohnungen herunter ... Das Bild eines sowjetischen Waggons ohne Räder wird überdeckt von der Utopie seiner Vergangenheit, und das macht den ganzen Reiz, den ganzen Effekt dieser Installation aus.

Doch erst aus der Verbindung der realen 'Visualität' des 'Roten Waggons' und der aus ihm und in seinem Innern, wie in einer Musiktruhe, klingenden wunderschönen Melodien entsteht jener Sinn, der meine ursprüngliche Idee ausbaut und im Grunde entlarvend, kritisch ist: Etwas hatte sie ja doch, diese Hölle, und sei es nur in unseren Erinnerungen! Irgendwie gab es doch wirkliches Glück:

... Hochfliegende Träume, Hoffnung und Liebe ...

Herbst 1991

Ilya Kabakov und Vladimir Tarrassow 1991 in Düsseldorf bei der Eröffnung der Ausstellung 'Binationale'
Ilya Kabakov and Vladimir Tarrassow at the exhibition-opening of the 'Binational' 1991 in Düsseldorf

Ilya Kabakov
Music in the installation 'The Red Wagon'

In this note I would like to discuss the role played by music in the installation, a role that was not only one of accompaniment, but also, as it turned out, one of the main, constructive roles. At the same time I would like to describe how the project which seemed so clear and complete, anticipating simple realization, demanded rather radical changes before it could finally 'work'.

I shall begin with the latter. The construction of the walls, ceiling and floor of the train-car, and of the 'stairs' was done in a highly professional joiner's studio not far from Mittenville (outside Paris) and assembled 'for finishing touches' in an enormous dwelling near my studio, the so called 'cathedral' in Mittenville, at the estate of Madame Vierny, whose support made this project possible.

But the actual testing of the 'suitability' of the 'Wagon' was conducted only after it was erected in the high, eight-meter hall with overhead light in the Kunsthalle of Düsseldorf for which it was intended and to where it was delivered unassembled from Mittenville.

And here, when it had been assembled one day before the opening of the exhibit, it turned out that it didn't 'work', it didn't want to 'work'. The passage of the viewer with the anticipated stop inside that was so beautiful and well conceived and described in the proposal, catastrophically didn't occur. The viewer ascended the platform, entered inside through the open door of the train-car, everything was going according to plan, but he didn't intend to remain inside the train-car, looking at the illuminated landscape on the wall and especially to sit down on the bench and WAIT. And without this delay, without this stop, the installation lost all its meaning.

Still not understanding the main, constructive reason for my failure, I saw it in the poor choice of 'music in the train-car' and I was absolutely right about that. This music consisted of a collection on tape of songs performed by Misha Gulko. This 'small emigre collection', intended to invoke attacks of nostalgia in a Brooklyn restaurant, created an exotic, false impression in the installation assembled in Düsseldorf, and not only did it not awaken any recollections at all, but it turned everything taken together into some sort of farce.

But beside music there was yet one more profound, fatal miscalculation connected with the passage of the viewer through the installation which I couldn't 'grasp' or recognize at all. I sat inside the train-car endlessly, I increased and decreased the lights under the 'painting', I turned the sound up and down and didn't know what to do. The installation was failing completely, and the correct solution just wouldn't come.

And here I would like completely definitely, with large printed letters, so-called 'answering to history', to attest to that mystical (I am not afraid of this word) role that was played in this case by Volodya Tarasov, my old friend and great musician. There have been a few such situations when his presence at difficult moments has radically saved everything, it has served as a powerful catalyst, put everything in its place.

In the case of the 'Red Wagon' the following occurred. Volodya had with him, I think by coincidence, a cassette on which his play was recorded, more precisely, one of the components of his musical work called 'Dramtheatre'. This was a cycle of Soviet songs of the 1930's and 1940's recorded from old records with the wheezing, scratching of the needle, etc. that was appropriate for the level of technical reproduction at that time. But what a remarkable thing: all of these songs of happiness, love and joy which sounded so false and offended our ears at the time against the background of the existing horrible reality that surrounded us, today sound absolutely genuine, with a bewichting power and fascination. It is impossible to understand what the secret is here.

But as if this weren't enough. Having sat inside the train-car for a while in a certain pensiveness and dissipation, Volodya somehow unexpectedly told me to close and lock the front door of the car through which viewers could enter from the facade via the platform. Why he said this, how this idea came to him, I neither asked nor could he explain to me later. (I had the chance to be convinced of his unbelievable, incomprehensible ability to enter almost instantaneously into the main conception of other artists, of his friends, but that is a separate topic.)

And this suggestion put everything in its place once and for all. The installation 'began to work' like a well-oiled mechanism, and from that moment on it created the necessary impression, that which was embedded in its conception.

What really occurred ? What did this constructive change lead to and how did the music 'work' in relation to the movement of the viewer inside and around the 'Red Wagon' ?

I will try to explain.

The first erroneous assumption which was embedded in the project consisted of the fact that having seen the 'facade' of the installation, the viewer immediately would begin to ascend the platform in order to go inside. But, as the situation revealed, in reality the viewer hadn't intended to do this at all. The thing is, that the 'Red Wagon', situated in the space of the Kunsthalle, represented a kind of sculpture, and the normal reaction of the viewer, even if he had approached the 'sculpture' from the facade (this is how it was envisaged in Kunsthalle), was not a desire to ascend the platform, but rather to walk around the installation from the side to see it from all sides. This is actually how all the viewers moved. But as soon as they wound up 'on the side' of the car, looking at the eight paintings hanging on the walls, this is exactly when the music from inside the car reached them. According to the law of moving around a sculpture, the viewer moved on farther, to the edge of the car, all the while the sound was getting louder. Finally, having turned the corner, he discovered the back wall of the car, and in it an open door and a staircase via which you could get inside. The sounds were emanating from this door, and according to the laws of curiosity familiar to everyone, the viewer ascends and looks in to see what is going on there.

Inside the care it is almost dark, to the left of the entrance is a long illuminated painting the size of the entire wall. And this entire space was filled with the sounds of old, sentimental melodies full of soulful warmth. And it is only now that the viewer sits down on the bench, sits for a long time, and in some sort of strange oblivion, gets up with difficulty to exit (this was evidenced by many who were there). But I want to repeat that this effect works only in combination with the action of 'accidental spying' which the viewer considers to be his unexpected luck, not suspecting that it was all set up this way. (Furthermore, that 'entrance from the back' carries with it another image: isn't it typical for all Soviet constructions to have the main entrance closed forever and access inside it through a side or back door ?)

All that has been said above works now in a unified complex. At the beginning, before winding up inside the car, the viewer sees the installation from the outside, getting the image of a strange, delirious and awkward structure, a model of official ideological propaganda. But inside the car he winds up in a different atmosphere. The darkness submerges him in recollections, the melodies resound like voices of a far-away past, there is a beautiful dream before him - a city of the future: dirigibles hanging over buildings, passengers on parachutes descending to their homes ... On top of the image of the Soviet train-car standing still without wheels is imposed its utopian past, and this is the entire salt, the whole effect of the installation.

But only in combination with the actual 'visualness' of the 'Red Wagon' and of the wonderful melodies resounding from within and inside of it, like in a music box, does that idea arise which complicates the original conception, an idea that is in essence revelatory in nature, critical: there was something then in that hell, even if it was only in our recollections ! There was, really was something genuinely happy:

... Lofty dreams, hopes and love ...

Autumn 1991

Dimitri Prigov und Vladimir Tarrassow 1991 in Düsseldorf bei der Eröffnung der Ausstellung 'Binationale'
Dimitri Prigov and Vladimir Tarrassow at the exhibition-opening of the 'Binational' 1991 in Düsseldorf

Ilya Kabakov
Über den 'Roten Waggon'

Die Installation 'Der Rote Waggon' ist tief verwurzelt in den kulturellen, metaphysischen, gesellschaftspolitischen und erkenntnistheoretischen Phänomenen, die im gewachsenen existenziellen und philosophischen Diskurs Rußlands ihren Ausdruck finden. 'Der Rote Waggon' stärkt wesentliche Aspekte dieses Diskurses und verhilft ihnen zu neuem Leben, bleibt aber gleichzeitig selber seine Frucht und vergegenständlicht seine Fortsetzung. Wir halten es deshalb für angemessen, daß die Präsentation der Arbeit von Zusammenfassungen und Zitaten dieses Diskurses begleitet wird, die die Atmosphäre des Ausstellungsortes mit einigen notwendigen Milieubeschreibungen anreichern - beispielsweise in Form von Stimmen, Standpunkten, Spekulationen und Meinungen, die mit der Entstehungsgeschichte des Kunstwerks verbunden sind.

Die Frage, die sich bei der Auseinandersetzung mit dem Konzept des 'Roten Waggons' zwangsläufig stellt, ist das Dilemma seiner nationalen Zuschreibung, anders ausgedrückt, seiner Staatsbürgerschaft: Ist diese Arbeit nun russisch oder sowjetisch? Auch wenn eine solche Trennung und Aufteilung den meisten westlichen Betrachtern und Kunstkritikern fremd erscheinen mag, leuchtet diese Frage all denjenigen, die mit der russisch/sowjetischen Kulturtradition vertraut sind, unmittelbar ein. Ursprünglich ist 'Der Rote Waggon' als sowjetisches Kulturphänomen gedacht - beginnend bei seiner Konzeption, die untrennbar mit dem sowjetischen Geschichtskontext verbunden ist und die ganz und gar von der Wahrnehmung und der künstlerischen Umsetzung dieses Kontextes lebt. Dieser offensichtliche Zusammenhang führt zunächst zu der Annahme, daß die Arbeit eher den sowjetischen als den russischen künstlerischen und ontologischen Kosmos repräsentiert.

Unabhängig von der Konsistenz des oben Gesagten kann man sich aber auch fragen: Inwieweit läßt sich die Installation der russischen Kulturtradition zuschreiben? Wie und mit welchen Kriterien mißt man ihr 'Russisch-Sein'? Eine solche Frage ist für den 'Roten Waggon' ganz besonders wesentlich. Denn würde man die Installation ausschließlich der sowjetischen soziokulturellen Tradition zuordnen, übersähe man entscheidende Konnotationen eines 'Russisch-Seins' im Konzept und in der Gestalt der Installation.

... Kurz nachdem der erste Schnee Moskaus Straßen bedeckt und seine Kreuzungen und Bürgersteige verhüllt, krabbeln merkwürdige Tiere aus ihren versteckten Plätzen. Ihre exotische und surrealistische Erscheinung hat manchen Fremden beeindruckt, der sie in den Straßen der sowjetischen Metropole bemerkte. Diese Tiere, seltsame, unbeholfene Monster, die langsam die Straßen entlangkriechen und mit ihren ungeschickten Greifern den Schnee schaufeln, inspirierten unter anderen den berühmten mexikanischen Maler Diego Rivera, der eine Serie von 'Portraits' von ihnen anfertigte. Die Monster, von denen hier die Rede ist, sind die Schneeräummaschinen, die den Schnee mit ihren rechtwinkligen, scharfkantigen Schaufeln (Krallen?) von den Straßen aufnehmen und ihn auf ein nahezu vertikales Förderband heben, von wo er rückwärts in Richtung eines leichten 5-Tonnen-Lastwagens geschleudert wird, der der Räummaschine in kurzem Abstand folgt. Gelegentliche Beobachter genossen die Szenerie aber vor allem dann, wenn die Räummaschinen ohne Begleitung der Lastwagen unterwegs waren. In solchen Momenten beförderte die Maschine den Schnee in eine Höhe von 5 oder 6 Metern, nur, um ihn dann wieder an der gleichen Stelle abzuwerfen, wo er herkam. Metaphorisch betrachtet ist diese Handlung eine präzise Allegorie der russischen Realität, in der große und aufwendige Anstrengungen unternommen und Mittel investiert werden, um das Universum umzustürzen und neu zu gestalten, in der aber aus all diesen Aktionen und Versuchen keine wirklich qualitative Veränderung hervorgeht. Die Installation 'Der Rote Waggon' stellt ein vergrößertes aber ziemlich genaues Modell der eben beschriebenen Schneeräummaschine dar. In diesem Sinne besitzt sie sehr spezifische und exklusiv russische Eigenschaften, die ihren Ursprung in der gesamten russischen 'Erfinder-Tradition' haben.

Weil die Installation 'Der Rote Waggon' den Anspruch erhebt, ein Monument zu sein, könnte man erwarten, daß sie einige klassische und archetypische Konstruktionselemente aufnimmt und einschließt, die traditionell mit monumentaler Vergangenheit und monumentalem Denken in Verbindung gebracht werden: Pyramiden, Säulen, Mausoleen usw. Diese Gestaltungsformen sollen die Stabilität, Konsistenz, Solidität und die Dauerhaftigkeit der Epoche oder des Regimes vermitteln und ausdrücken, in dem ihre Bildhauer sie schufen. Aber beim 'Roten Waggon' werden wir keines dieser monumentalen Gestaltungselemente wiederfinden. Die Installation gleicht eher einem merkwürdigen, riesigen Mechanismus als einem Monument im klassischen Sinn. Die einzelnen Teile dieses Mechanismus haben nichts gemeinsam, ihnen fehlt jeglicher innere Zusammenhalt bis auf die Tatsache, daß sie mechanisch miteinander verbunden und zu einer Installation zusammengesetzt sind. Auf diese Weise stellt sich uns 'Der Rote Waggon' als bizarrer Zentaur dar. Aber es ist hilfreich, sich vorzustellen, daß dieser komplexe Mechanismus, der eher einer landwirtschaftlichen Maschine gleicht, ganz bewußt ohne jedes Attribut eines 'vollendeten' oder 'perfekten' monumentalen Stils entworfen wurde. Andererseits sind es gerade die Schwerfälligkeit und die offensichtliche Widersprüchlichkeit seiner Inhalte, die diesen Mechanismus zu einem genauen und präzisen Monument derjenigen Epoche machen, die es reflektieren und darstellen soll. Denn ohne Übertreibung kann man sagen, daß die Absurdität der Mechanik und die eklektische Unbeholfenheit des 'Roten Waggon' diese Epoche präziser reflektieren, als beispielsweise die nachgeahmten dorischen Säulen oder die pyramidenähnlichen Kolossalbauten der Stalin-Ära.

'Der Rote Waggon' gehört eindeutig zum Typus der Installationen - ein Werktypus, der innerhalb der Tradition der Konzept-Kunst eine intensive Entwicklung genommen hat. Mehr noch: 'Der Rote Waggon' gehört zu einer besonders seltenen Art - man könnte ihn als TOTALE Installation bezeichnen. Mit diesem Begriff ist gemeint, daß das Kunstwerk den Raum, in dem es sich befindet, transformiert und so den jeweiligen Ausstellungsort selber zum Teil der Arbeit macht. Darüber hinaus - und hier kann man von einem Novum sprechen - wird auch der Betrachter zu einem Teil dieser 'Totalen Installation'. Auch seine Reaktionen und sein Verhalten in Bezug auf den 'Roten Waggon' sind genau vorausberechnet und bilden eine wichtige Komponente beim Funktionieren der Arbeit. Wenn der Betrachter nicht so reagiert wie erwartet, verliert die Installation einen wichtigen Teil ihrer eigentlichen Wirkung. Aber die Erfahrung zeigt, daß der Betrachter genauso reagiert, wie es seine Rolle innerhalb des Konzepts der Installation erwarten läßt. Betritt er den Raum, in dem 'Der Rote Waggon' gezeigt wird, sieht er die Stufen, die zur Vordertür des Waggons führen. Es ist ganz natürlich, daß er die Treppen hinaufsteigt und versucht, hineinzugehen - nur um die Tür verriegelt zu finden. Diese Entdeckung führt bei ihm zu der Annahme, daß es nicht das Innere, sondern das Äußere des Waggons ist, das es zu sehen und entdecken gilt. Daraufhin steigt er die Treppen hinab und geht seitlich am Waggon entlang. Jetzt hört er Musik, die im Inneren des Waggons gespielt wird. Er revidiert seine Vermutung und glaubt erneut, daß das Wesentliche der Installation wohl doch in ihrem Inneren steckt. Inzwischen nähert er sich der Rückseite des Waggons und findet einen zweiten Eingang, der allerdings durch herumliegenden Abfall blockiert ist - anders als der pompöse Vordereingang. Aber die hintere Tür ist offen. Er tritt ein und wird angezogen von der liebenswerten, heimeligen und nostalgischen Atmosphäre der dreißiger Jahre: Süße Musik, reizende Bilder, eine gemütliche Sitzbank und helles elektrisches Licht, das die Bilder anstrahlt. Diese Atmosphäre wirkt auf den Betrachter wie der Gesang von Sirenen: Entspannt und eingelullt von der Musik und all den anderen nostalgisch-meditativen Angeboten des Waggons, muß er sich ernsthaft anstrengen, diesen Zauber von sich abzuschütteln, um den Waggon wieder zu verlassen. Beim Hinausgehen, wenn er wieder über die Abfallhaufen auf der Rückseite steigen muß, wird dem Betrachter klar, daß die zentrale Wirkung der Installation durch diesen Übergang von der abstoßenden äußeren Realität zu dem 'paradiesischen' Kosmos im Inneren erreicht wird. Ohne aktive Mitwirkung des Betrachters würde der erwartete künstlerische Effekt vernichtet oder zumindest verändert, verletzt oder reduziert. Das ist mit dem Begriff der TOTALEN Installation gemeint, die auf die aktive Rolle des Betrachters setzt.

All diese Eindrücke und Gefühle, die der Betrachter bei seiner Begegnung mit dem 'Roten Waggon' erlebt, gehören zum Gesamtkonzept der Installation. Als ein Monument der Sowjet-Realität und -Ideologie hat die Installation die Aufgabe, die Eigenschaften und Formen dieser Realität getreulich widerzuspiegeln. Man könnte sagen, daß das Monument aus den gleichen Bestandteilen besteht, wie der Kosmos, den es porträtiert. Diese Bestandteile sind:
- Ein pompöser und luxuriöser Eingang, sorgfältig dekoriert und gestaltet, der den Betrachter beeindrucken soll, der aber seine eigentliche und originäre Aufgabe, nämlich jemand hereinzulassen, nicht erfüllt.
- Eine häßliche und schmutzige Hintertür, blockiert

Ilya Kabakov, Skizze einer Schneeräummaschine in Moskau's Straßen, 1991, Kohle und Tusche auf Papier, 21,7 x 27,9 cm
Ilya Kabakov, sketch of a snow-clearing-machine in the streets of Moscow, 1991, coal and ink on paper, 21,7 x 27,9 cm

durch Abfallhaufen, wahrlich kein schöner Anblick, aber der einzige Weg, um in das Innere des Waggons zu kommen.
- Das Innere selbst: Ein vollständig selbstgenügsamer Raum, ein mütterlicher und schützender Kosmos für eine idyllische Existenz, abgeschirmt von der Außenwelt mit all ihren Zweifeln, Versuchungen und Stürmen. Das Innere ist völlig von den Geschehnissen der Außenwelt isoliert und ermöglicht seinen Bewohnern, das Leben draußen als nichtexistent, fiktiv und als Ausgeburt bösartiger, fremder Propaganda zu sehen.

Um diese drei Komponenten in ihrer ganzen Tiefe auszuloten, bräuchte es in Wirklichkeit ein ganzes Leben, eine ganze Epoche. Insofern ist die Installation als Ausschnitt, als verkleinertes Modell dieser Lebenszeit und dieser Epoche konzipiert.

Enge Verbindungen zwischen der Installation 'Der Rote Waggon' und der sowjetischen Wirlichkeit unter kommunistischer Führung lassen vermuten, die Installation sei eine politische Arbeit. So jedenfalls ist sie von der deutschen Kunstkritik verstanden worden, als sie das erstemal in der Düsseldorfer Kunsthalle gezeigt wurde. In der Tat geben der Kontext der Arbeit und die in ihr enthaltenen Anspielungen und Implikationen dem 'Roten Waggon' einen politischen, aktuellen, ja journalistischen Anstrich. Man könnte glauben, daß er ohne die Existenz des Sowjet-Regimes seine Bedeutung und seine Botschaft verliert. Aber diese Einschätzung übersieht den tieferen künstlerischen Kontext, der der Konzeption des 'Roten Waggons' zugrundeliegt. Es ist daher eine zwar einfache aber nicht ganz korrekte Herangehensweise, die Botschaft der Installation zu simplifizieren, indem man ihr einen lediglich politischen Stempel aufdrückt und sie auf Nachrichtenniveau reduziert. Obgleich die politischen Konnotationen zu offensichtlich sind, um ignoriert zu werden, sollten sie gleichzeitig als bloße Form, als grober Umriß der Alltagsrealität gedacht werden - nach der eigentlichen Botschaft sollte woanders gesucht werden, abseits der offensichtlichen und vertrauten Reminiszenzen und Anspielungen. Schaut man genauer hin, entdeckt man, daß 'Der Rote Waggon' tief verwurzelt ist in den philosophischen und künstlerischen Diskursen im Rußland des 20. Jahrhunderts, vor allem in denen der zwanziger Jahre. Übrigens waren die Künstler dieser Zeit ebenfalls stark von den damaligen politischen Verhältnissen geprägt, beeinflußt und bewegt. Mehr noch: Sie waren politisch äußerst engagiert, bemühten sich um größtmögliche Aktualität ihrer Arbeit und versuchten, Schritt zu halten mit den politischen Entwicklungen und aktiv daran teilzunehmen. Es würde jedoch heute niemandem einfallen, sich auf den politischen Kontext zu konzentrieren, um die künstlerische Botschaft eines Kluzis, El Lissitzky, Rodchenko oder der Gruppe LEF und anderer zu entschlüsseln. Vor diesem Hintergrund sollte 'Der Rote Waggon' nicht mit der politischen Hinterlassenschaft von Stalin, Breshnev oder Andropov in Verbindung gebracht, sondern mit dem künstlerischen Erbe von Tatlin oder Lissitzky verglichen werden. Der Diskurs dieser Installation wird in ihrer Terminologie weitergeführt und bleibt hochbedeutsam für die von diesen Künstlern benutzte Symbolik und ihre Lehren. Aber 'Der Rote Waggon' verkehrt diese Symbole in ihr Gegenteil: Die Stufen, die ursprünglich einmal zum Himmel führen sollten, führen vielleicht ins Nirgendwo. Der Waggon, dem es bestimmt war, mit Hochgeschwindigkeit vorwärtszueilen, hat keine Räder und verharrt in ewiger Statik. Die Propaganda im Innern weckt nostalgische Gefühle, sie ist rückwärtsgewandt, statt dem Betrachter die leuchtenden Horizonte einer glorreichen Zukunft zu zeigen. Daher sollte 'Der Rote Waggon' eher in seiner Beziehung zu den künstlerischen Zwanzigern als zu den politischen Siebzigern wahrgenommen werden.

Herbst 1991

Ilya Kabakov
About the Red Wagon

The installation titled 'The Red Wagon' is deeply rooted in the cultural, metaphysical, socio-political and onthologic phenomena that find their expression in a broadened Russian existential and philosophic discourse. 'The Red Wagon' itself arises and calls to life vast layers of the said discourse, remaining at the same time a fruit and an embodied continuation of it. Therefore we consider it appropriate to accompany 'The Red Wagon's' presentation with abstracts and quotes from that discourse in order to furnish this hall's atmosphere with necessary environmental accessories - such as voices, viewpoints, speculations and opinions that happen to be genetically linked with the artwork in question.

The question one is inevitably asking when confronted with 'The Red Wagon's' concept is the dilemma of it's national attribution, partly in terms of citizenship: is this artwork a Russian or a Soviet one? Although such separation and division seems strange to both Western spectator and Western art critic, it still stands for the spectator who happens to be familiar and related to the Russian/Soviet cultural existance. 'The Red Wagon' is initially declared as a Soviet cultural phenomenon - starting from its very concept that is inseparable from Soviet historical context and dwells heavily on that context's perception and artistic transformation. This obvious fact makes one state, that the installation in question represents rather Soviet than Russian artistic and onthologic cosmos.

Despite the consistency of the above it is still appropriate to ask oneself: to what extent could the installation be attributed to Russian cultural tradition? How does one measure the 'Russianness' of the work in question, what criteria does one apply? Such question is especially integral as far as 'The Red Wagon' is concerned. Attributing the installation to purely Soviet sociocultural tradition means overlooking serious connotations of 'Russianness', built into the installation's very concept and design.

... Shortly after the first snow starts covering Moscow streets, after it envelops both crossroads and boardwalks, strange animals start crawling out of their hiding places. Their exotic and surrealistic appearance striked many a foreigner who happened to notice them in the streets of the Soviet capital. These animals, namely strange awkward monsters, slowly crawling along the roadsides and grabbing snow with their clumsy hand-claws, have inspired, among others, the famous Mexican painter Diego Rivera, who created a series of their portraits. The monsters in question are the snow-clearing machines that grab the snow, covering the streets, with their rectangular sharp-edged claws (jaws?), lift the snow up the near-vertical conveyor band and then throw it backwards in the direction of lightweight 5-ton lorries that follow the snow-clearing machines at a close distance from the rear. But occasional spectators of the scene used to enjoy in particular the specific moments when there was no lorry appended to the snow-clearing machine from the rear. At those moments the snow-clearing machine lifted snow from the road to the height of five to six meters - only to throw it back to the place from which the snow has been originally taken. All this activity, once viewed metaphorically, presents a precise allegory of Russian reality, where great and tantalizing efforts and means are invested into overturning and rearranging the Universe, while no real qualitative changes are supposed to result from all these actions and attempts.

'The Red Wagon' installation presents an enlarged but rather accurate model of the snow-clearing machine, as described above. In this sense the installation can be termed a specific and exclusive Russian mechanism, genetically linked in the all-Russian 'inventorship' tradition.

As 'The Red Wagon' is claimed to be a monument, one might expect it to borrow and include some classic and archetypal constructive elements, traditionally associated with monumental tradition and monumental thinking in general: pyramids, columns, mausoleums etc. These forms are devised to convey and express the stability, consistency, solidity and eternity of the epoch and the regime under which the monumental sculptors happen to create them. But as far as 'The Red Wagon' is concerned, we can find neither of the above monumental forms in it. In fact, the installation resembles rather a strange huge mechanism than a monument in the strict meaning of the word. The parts of the mechanism have nothing in common, they lack any internal relationship apart from the fact that they are mechanically combined and assembled together in the installation. Thus in 'The Red Wagon' we are confronted with a bizarre centaur. But it might be appropriate to presume, that this complex mechanism, looking very much like a species of agricultural machinery, has been originally conceived as lacking attributes of 'complete' and 'perfect' monumental style. On the contrary, it is its clumsiness and apparent contradiction of its ingredients that makes this mechanism an exact and precise monument of the epoch it is designed to reflect and portray. It wouldn't be an exaggeration to state that the mechanical absurdity and eclectic awkwardness of 'The Red Wagon' reflect the epoch in question with more precision, than, for example, the fake doric columns and pyramid-styled colossal buildings of the Stalin era.

'The Red Wagon' can be definitely attributed to the genre of 'installation' - the genre that has been intensively developped within the conceptualist artistic tradition. Moreover, 'The Red Wagon' belongs to a rather species: it should be termed a TOTAL installation. Such a term implies that the art work in question actively transforms the space it finds itself in, making the very exhibition hall part of the work. Moreover - and here we must note this as a significant novation - the spectator himself is also seen as part of the 'total installation'. His reactions once confronted with 'The Red Wagon' are also strictly calculated in advance and represent an important component of the installations' proper functioning.

Unless the spectator reacts to the object in question the way he was supposed to react, the installation loses a significant part of its original effect. But experience shows, that the spectator acts in strict accordance with the role, assigned for him in the installation's concept.

Entering the hall, where 'The Red Wagon' is exhibited, the spectator faces the stairs leading to the wagon's front door. It's only natural that he mounts the stairs to the door and tries to enter it - only to find out that the door is locked. This discovery makes the spectator suggest that it's not the interior of the wagon, but its exterior that is to be seen and explored. Thus the spectator descends the stairs and starts moving along the wagon's side. This is when he discovers the music, playing inside the wagon. At this point he reconsiders his previous conclusion and starts thinking once again that the 'gist' of the installation is conceived in its inner part. By that time the spectator nears the rear side of the wagon, and finds another entrance, heaped with garbage, unlike the pompous front entrance. But the rear door is open. He enters - and is absorbed by the endearingly tender nostalgic atmosphere of the 1930-s: sweet music, cute paintings, comfortable bench and beams of electric light shining on the pictures. That atmosphere produces a siren-like effect on the spectator: calmed and absorbed by the music and all related nostalgic meditational effects of the wagon, he has to make a serious effort to shuffle off these charms and leave the inside of the wagon.

Stepping out of the wagon through heaps of garbage, piled at its rear side, the spectator understands that the central effect of the installation was reached by this transition from the repulsive exterior reality to the interior 'paradise' cosmos. If it hadn't been for the spectators' active participation the calculated artistic effect would have been annihilated or at least severely altered, damaged and reduced. That is what one calls TOTAL installation, accounting for the spectator's active participation.

All the said impressions and feelings, experienced by the spectator when he meets with 'The Red Wagon', are based on the overall concept of the installation. Being a monument to the Soviet reality and ideology, the wagon serves to reflect duly the attitudes and shapes of that reality. One might say that the monument is build from the same components as the cosmos it portrays. The components are:

- pompous and luxurious entrance, meticulously decorated and designed, that is supposed to impress the beholder but fails to serve its integral and original purpose: to let anyone in,
- ugly and dirty rear entrance, stuffed with heaps of rubbish, not too bright a scene to look at, but the only way to get inside the wagon,
- the inside itself: a complete, self-sufficient space, a maternal and protective cosmos where one can lead an idyllic existence, sealed off from the outer space with all its doubts, temptations and torrents. The interior is totally isolated from the course of the outer life, thus supplying the insiders with an option to consider that outer life is nonexistent, fictitious and a fruit of 'malignant foreign propaganda'.

To fully experience all three components in real time takes a lifetime, an epoch. The installation thus serves a digest, a scaled model of that lifetime and that epoch - as it had been originally designed to do.

Intimate links between 'The Red Wagon' and Soviet reality under Communist rule make on state, that the installation tends to be strictly political. And that is how it had been received by the German critics when first shown in the Dusseldorf Kunsthalle. The very context of 'The Red Wagon', its allusions and implications make it look and sound political, actual, almost journalistic. If it hadn't been for the Soviet regime, one might note, the very installation would have been meaningless, it would have lost its message.

But such an estimation tends to overlook the more deep and more artistic context in which 'The Red Wagon' was conceived. It seems an easy but not an altogether correct perspective to simplify the installation's message, sealing it in the merely political, news-style context. Although political connotations are too evident to be discarded, they may as well be regarded as a mere form, as a shaping touch of present-day reality - while the message itself should be looked for elsewhere, beyond the obvious and familiar reminiscences and allusions. In fact, a deeper look reveals 'The Red Wagon's' roots in Russian philosophic and artistic discourse of the XXth century, especially of the 1920-s. By the way, the artists of that period were also greatly influenced, impressed and aroused by political concepts contemporary to them. Moreover, these artists were extremely engaged politically and strived to reach maximal actuality in their work, keeping pace with political developments of the period and actively participating in them. Still, no one today thinks of focussing on the political context of the 1920-s while trying to absorb the artistic message of Kluzis, El Lissitzky, Rodchenko, the LEF group and others. From this viewpoint one should compare 'The Red Wagon' not to Stalin's, Brezhnev's and Andropov's political legacy, but to Tatlin's and Lissitzky's artistic ones. The discourse in 'The Red Wagon' is continued in their terms and remains highly relevant to those artists' symbols and teachings. Only 'The Red Wagon' reverts the symbols to their opposite: the stairs, originally intended to lead to heaven, eventually lead nowhere. The wagon, designed to rush forward at high speed, lacks even wheels and is eternally static. The propaganda inside the wagon arouses nostalgy and longing for reversing time, instead of calling the spectator to the luminous horizons of the glorious future. Thus one should perceive 'The Red Wagon' as opposed rather to the artistic twenties than to the political seventies.

Autumn 1991

Der Rote Waggon
Ein Gespräch zwischen Boris Groys und Ilya Kabakov

B. G. Ilya, wir haben alle mit Interesse gehört, daß Dein 'Roter Waggon', eine Installation für eine Düsseldorfer Ausstellung, die in Israel und in Moskau gezeigt werden sollte, nirgendwohin gefahren ist - weder nach Israel, noch nach Moskau. Übrigens ist das natürlich. Als ich diesen Waggon zum erstenmal sah, war das erste, was mich visuell verblüffte, seine Scheunenartigkeit, seine außerordentliche Standfestigkeit, die spontane Überzeugung des Betrachters, daß er sich niemals wird von der Stelle bewegen und irgendwohin fahren können. Alles wird ihn daran hindern, dieser grandiose Eingang, den er hat, und dieser Müllhaufen hinter ihm. Man glaubt, er hätte hier schon tausend Jahre gestanden, und ihn von der Stelle zu bewegen und in einen anderen Raum zu verpflanzen wäre einfach unmöglich. Das ist offenbar Teil Deiner Idee.

I. K. Hier bestätigt sich die alte Geschichte vom Künstler, der, ohne das selbst zu wissen, einen Apfel gezeichnet hat. Jetzt wird offenbar, was offensichtlich bewußt angelegt war. Ich erkenne mit Vergnügen und einem gewissen Gefühl der Schuld, daß diese Fahruntüchtigkeit des Waggons offensichtlich schon in der Idee angelegt ist. Es hat mich besonders gereizt bei seinem Bau, daß er keine Räder hat. Selbstverständlich war das metaphorisch gemeint - es sollte heißen, unser Waggon ist nicht 'flieg voraus, in der Kommune halten wir an', vielmehr ist der Halt schon der Moment, in dem er als Waggon gedacht wurde. Seine Räderlosigkeit rührt nicht daher, daß er die Räder auf dem Weg verloren hätte, er wurde von Anfang an ohne Räder gebaut. Er ist gedacht als falscher Waggon. Und als solcher, meiner Grundidee entsprechend, hat er sich dann auch realisiert, d. h. jeder Versuch, ihn zu bewegen (nach Israel oder jetzt nach Moskau) schlug fehl. Das ist seine realisierte heimliche Idee, die der Waggon selbst besser kannte, als sein Erfinder.

B. G. Vielleicht ist sie Teil einer nichtrealisierten Idee, weil die Struktur Deiner Arbeiten gewöhnlich so ist: Du stellst irgendein Objekt hin, baust etwas auf, dessen Sinn dem Besucher nicht sofort klar ist, und dann bietest Du eine kollossale Menge von Kommentaren dazu an. Zum 'Roten Waggon' gab es nicht diese vielen Kommentare. Da war der riesige Waggon, und ich suchte die Zettel mit den Kommentaren - aber es waren keine da. Dann zwang Dich das Leben doch zum Kommentieren - zuerst tauchten diese Zettel in Israel auf und jetzt in Moskau. Das Werk vollendet sich im Laufe der Quasi-Bewegung des Waggons. Es kommt zu einer Interpretationsbewegung, die die Bewegung des Waggons ersetzt.

I. K. Ja, das stimmt. In der letzten Zeit ist das meine einzige Arbeit ohne allen Text. Und sie rächt sich. Tatsächlich war im Moment des Aufbaus der Installation nichts über sie zu sagen, denn sie setzte auf den Effekt der physiologischen Wahrnehmung, d.h. der Betrachter schaute den Waggon erstaunt an, dann erklang Musik, die Musik wurde immer lauter, je mehr er sich dem hinteren Teil des Waggons näherte, und er kam zum Hinterausgang, wo er wie ein Schlafwandler eintauchte in meditative Erinnerungen an alte Zeiten. Musik der dreißiger Jahre umflutete ihn, und bekanntlich konnte sich niemand von der Bank losreißen - der Zeugen-, der Besucherbank. Jede Reflexion, jede Distanz zum Kunst-Objekt war unmöglich. Wir hatten etwas äußerlich Häßliches und Dummes gesehen, doch einmal hineingeraten, sahen wir etwas Freundliches und Sanftes. Und in diesem Sinne zerstörte der Waggon meinen üblichen Wunsch, jedes wirkliche Gefühl, alles Starke, worüber man nichts sagen kann, von der Seite zu betrachten oder überhaupt wegzuschieben. Die Zeit, die im Waggon herrscht, bewegt sich rückwärts, d.h. der Waggon wendet sich in der Gegenwart, mit seinem aktiven Teil - dem Hören der Musik einer vergangenen Zeit - den Kindheitserinnerungen zu. Wir beginnen zu denken, daß die Sowjetmacht doch gar nicht so schlecht war, wenn man dort so sanfte, innige Lieder hörte. 'Was uns auch lieb ist, es vergeht, was auch vergangen ist, es bleibt uns lieb'. Das Objekt selbst ist nicht in die Vergangenheit entrückt. Es schien in jedem Augenblick gegenwärtig, doch jeder, der es betrat, fand sich in die Vergangenheit versetzt. Darum war ein Kommentar, der ja sein Objekt immer in die Vergangenheit rückt, sehr notwendig. Und jetzt, mit unserem Gespräch, schaffen wir diese Vergangenheit. Worüber sonst können wir auch sprechen, wenn nicht über die Vergangenheit?

B. G. Die Geschichte selbst hat diesen Nachtrag her-

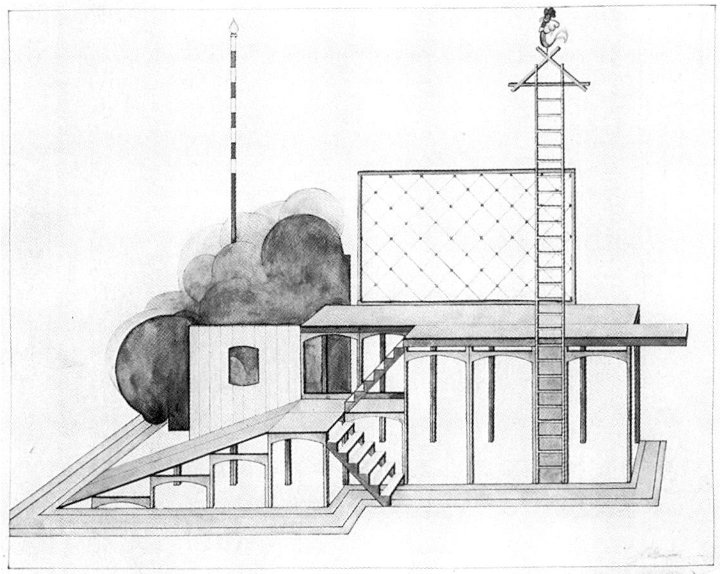

O. Schlemmer, Szenenentwurf für das Ballett 'Renard', 1929
O. Schlemmer, stage design for the ballet 'Renard', 1929

V. Tatlin, Denkmal für die III. Internationale, Anfertigung des Modells, 1920
V. Tatlin, Monument to the Third International, construction of the model, 1920

vorgebracht. Du hast in einem kurzen Kommentar zu Deiner Arbeit diesen Waggon als Visualisierung, als Veranschaulichung dreier Entwicklungsetappen der sowjetischen Geschichte beschrieben. Als Du an dem Waggon bautest, gab es die sowjetische Geschichte noch. Die ganze Ausstellung war eine repräsentative Ausstellung sowjetischer Kunst. So befanden wir uns in gewissem Sinne noch im Feld dieses Waggons. Natürlich brauchte man ihn nicht von außen kommentieren. Doch während der Waggon auf der Stelle stand, bewegte sich alles andere. Und es bewegte sich genau um soviel, daß ein Bereich des Kommentierens entstand. Die Sowjetmacht ist tot, die Zeit danach hat begonnen, und das ist eigentlich die Zeit des Kommentierens, was wir ja auch tun. Es ist also vollkommen natürlich, daß der Waggon weiter in der Vergangenheit steht und seine Bewegung sich als Interpretationsbewegung und Diskussionsbewegung fortsetzt.

I. K. Sollte man hier nicht auf das Verständnis des Denkmalbegriffs hinweisen, dem die Idee des Waggons zugrundeliegt? Denn der Waggon war von Anfang an nicht als Waggon der Sowjetmacht, sondern tatsächlich als Denkmal für die Sowjetmacht gedacht, d.h. er hat ein nostalgisches Moment, das einen denken läßt: Jaja, diese Zeiten waren einmal ... Wie beim Lenin-Mausoleum oder beim Spasskij-Turm: 'Was ist da nicht alles geschehen, wer ist da nicht alles gelaufen ...'. Er war gedacht als Imitat eines Denkmals. Inzwischen ist das besonders deutlich, daß er ein Imitat ist und nicht ein eigentliches Denkmal. Er ist quasi eine Erinnerung. Der ganze Waggon hat den Charakter von etwas Nichtvorhandenem, von etwas, das unter keinen Umständen auf lange Zeit bestehen kann. Interessanterweise war meine Idee von Anfang an die eines simulierten und keinesfalls eines echten Denkmals. Als ich es baute, war alles unecht. Die Treppe war eine Fälschung. Fälschung nicht nur in dem Sinn, daß sie eine Paraphrase des Tatlinschen Turms war, sondern in dem Sinn, daß das unnützer Plunder war, von dem nichts übrigblieb. Diese Fälschung sollte erhalten bleiben als gefälschtes Modell des Tatlinschen Denkmals. Bekanntlich existierte Tatlins Denkmal nie, es konnte nicht gebaut werden. Was von ihm blieb, war die Erinnerung. Ich hatte die Idee, die Erinnerung an eine Erinnerung zu bewahren. Und heraus kam, daß es unmöglich gewesen war, ein richtiges Denkmal der Sowjetmacht zu bauen. Daß dieses Denkmal nun als Denkmal nirgendwo hinfährt, sondern nur durch Worte und durch Diskussionen über diesen Unsinn weiter existiert, bezeugt, daß es sich immer mehr auflöst in einem ephemeren Raum zwischen Wachen und Traum. Hat es den Waggon je gegeben?!

B. G. Das fragt man sich vor allem auch bei der Sowjetmacht selbst. Weil die Sowjetmacht als solche ein Ideologem ist, ein Traum. Wir haben in einem gewöhnlichen Staat gelebt, im gewöhnlichen Leben. Die meisten von uns lebten ein Leben, das die Menschen überall sonst auch leben. Man geht zur Arbeit, verdient Geld, geht in die Geschäfte, kauft oder beschafft etwas. Wir haben getan, was alle anderen Leute überall auch getan haben und immer tun werden. Aber man nannte das aus irgendeinem Grund die Sowjetmacht, eine unikale, mit nichts zu vergleichende Episode der menschlichen Geschichte. Und die Menschen glaubten es auch. Und nicht nur etwa die Kommunisten, sondern auch Menschen, die die Ideale des Kommunismus nicht teilten oder ihn sogar bekämpften. Und auch solche, die einfach nur lebten. Sie glaubten trotzdem, daß das unikal ist - unabhängig davon, wie sie dazu standen. Jetzt ist das vorbei, als wäre es nie gewesen. Das war wie der Sturz des Ikarus auf dem Bild von Breughel ... Ikarus ist gestürzt, aber keiner hat es gemerkt. Auch hier hat es niemand gemerkt, weil sich herausstellte, daß alles beim alten geblieben ist. Das Leben geht seinen gewohnten Gang. Wo ist der Ort, an dem die Sowjetmacht existierte? Was war das? Nur in Deinem Waggon ...

I. K. Ja, aber sie hat existiert, in höchst grimmiger und realer Gestalt. Menschen wurden umgebracht, das Leben war schrecklich - faktisch war es der Tod ... Es war vernichtend, es war eine Kafka-Maschine, die tötete, abschlachtete ... Aber als Realität, von der Du sprichst ... tatsächlich existiert sie in der Erinnerung nur als Ideologie. Nach der Revolution erinnerten sich die Menschen, nicht nur eine, sondern zwei oder drei Generationen lang, daß es ein absolut reales Leben gegeben hatte. Interessanterweise war die Realität des vorrevolutionären Rußland mit dem bolschewistischen Umsturz nicht verschwunden, sie existierte, im Gegenteil, als immer raumgreifendere, gewichtigere und realere weiter. Erst Jahre des Massenmordes, der Vernichtung, der Zerstörung ließen endlich die Erinnerung an diese Realität verblassen. Dagegen bekam man nach dem Ende der Sowjetmacht das Gefühl, daß außer Rauch und verstreuten Splittern von etwas, das niemand benennen kann, nichts geblieben ist. Niemand erinnert sich an die Sowjetmacht. Und es geht gar nicht darum, daß das etwas Negatives ist. Niemand kann sich ihrer als Realität erinnern, an das Material erinnern, aus dem sie gemacht war.

B. G. Du hast recht. Die Sowjetmacht fiel nicht in den Bereich des Lebens - darum kann man sich an sie nicht erinnern - sondern in den Bereich des Todes. Die Sowjetmacht - das war die Erklärung, warum die Menschen sterben. Es gibt die klassische Erklärung, warum ein Mensch gestorben ist: Gott hat es gegeben, Gott hat es genommen, d.h. die Religion, das, was in den Bereich des Todes gehört, erklärt den Tod. Unter der Sowjetmacht aber töteten die Bolschewiki, die Sowjetmacht machte, daß man starb. Im Westen weiß man nicht, warum man stirbt. Der Tod wird immer als äußerst verdrießliches und völlig unerklärliches Ereignis aufgenommen. Diese seine Sinnlosigkeit bestimmt die gesamte Existenz des westlichen Menschen: Er hat keine Erklärung, warum er stirbt. Eine Erklärung dagegen, warum sowjetische Menschen sterben, gab es. Und vielleicht ist das das einzige, was übrig geblieben ist. Doch es fällt in den Bereich des Nichtseins, der Bereich des Seins jenes Lebens ist unbegreiflich.

I. K. Meine Idee entsprang - Du erinnerst Dich, wir sprachen mit Jürgen Harten über die Errichtung dieses Denkmals - eben dem Gefühl der sich rasch verflüchtigenden Qualität des sowjetischen Lebens: Genau jetzt muß man es fixieren, denn das Material ist so leicht, daß es im Nu verschwindet. Aber als ich diesen Waggon zu bauen begann, gewann er vor meinen Augen den Charakter einer bewußt ephemeren, fast papierenen Konstruktion, so wie in dem Märchen von den drei Ferkeln: Das eine Ferkel baute aus Papier, das zweite aus Binsen, das dritte aus Stein. Dieses Denkmal also habe ich aus Papier gebaut, aus ephemeren Materialien, die sich als ungeeignet erwiesen für die Reise nach Israel, und selbstverständlich auch nach Moskau - sie sind überhaupt nicht transportabel. Obwohl ein Denkmal per definitionem etwas überaus Suggestives, Komprimiertes ist, Verdampfungsrückstand leichten Gesteins ...

B. G. Aber heute sind die Denkmäler, die einmal real

waren, schwer - sie waren sogar schwer zu zerstören – und trotzdem werden alle zerstört, verschwinden sie. Auch Dein Denkmal wurde geschaffen in Vorhersehung dieser Zerstörung, es hat sich von innen her so ausgedünnt, daß seine Zerstörung gar keine Arbeit machte. Es reichte der bloße Transport.

I. K. Die Kultur des Denkmals ist daran gebunden, daß bei seinem Anblick eine Erinnerung auftaucht. Ein Denkmal ist im Grunde etwas ziemlich Materielles ... Ein Denkmal für die Pest oder für andere flüchtige Dinge gießt man in Bronze. Die Denkmäler der Sowjetmacht wollen gar nicht klare Form werden, etwas, das man anfassen könnte oder worauf man sich stützen könnte im Sinne irgendeiner Konstruktion. Bleiben nicht diese Denkmale eher Texte, Sprache - etwas, das die Leiden beschreibt, und nicht etwas Materielles, Konstruktives, Strukturhaftes?

B. G. Die Sowjetmacht ist überhaupt ästhetisch nicht sehr konturiert. Du, Komar & Melamid, Bulatov und vielleicht noch irgendwer sonst haben sich nicht von ungefähr mit dem Problem der Kompensation dieser ästhetischen Konturlosigkeit beschäftigt. Wenn wir Ägypten nehmen, oder Babylon, oder den französischen Absolutismus in seinen unterschiedlichen Phasen, dann sehen wir, daß all diese Kulturen, die auch nicht besonders demokratisch oder liberal waren, bestimmte klare Stile hinterlassen oder sich sehr plastisch und klar in der Kultur ausgedrückt haben. Der Sowjetmacht dagegen ist das nicht gelungen, sie hat sich wohl nicht einmal dieses Ziel gesetzt. Sie hat einen undifferenzierten Bereich der Kultur oder der künstlerischen Produktion überhaupt geschaffen. Und nicht zufällig übernahm die Soz-Art seinerzeit eine kompensatorische Funktion: Sie versuchte, der Sowjetmacht jene Arbeit abzunehmen, die sie selbst nicht machte, d.h. sie versuchte ihr eine ästhetische Form zu geben.

I. K. Gut. Aber ich bin sicher, daß dieser Versuch ebenso scheitern wird wie die Sowjetmacht selbst. Jede gut artikulierte Kultur strebt nach Formen, die als beständige, stabile, auf Ewigkeit angelegte gelten können. Ägypten artikuliert sich über die Pyramide. Griechenland über Säulen und Architrave etc. Interessanterweise hat die Sowjetmacht nicht nur keine ähnlich stabilen, statuarischen Formen gesucht, die ästhetischen Ziele, in denen sich die inneren Formen und Ideen der Sowjetmacht tatsächlich gezeigt haben, gleichen dem berühmten Andersen-Märchen über die Siebenmeilenstiefel - kaum hat man sie angezogen, springt man über den Platz hinweg, den man erreichen wollte. Man hat beständig das Gefühl, über sein Ziel hinauszuspringen. Tatsächlich ist ein Grundmuster des sowjetischen Lebens das unglückselige 'Einholen und Überholen', die Idee der Geschwindigkeit, des Fliegens, des Überholens von was auch immer, vor allem natürlich seiner selbst. Die unendliche Überwindung des gegenwärtigen Moments. Obwohl die Sowjetmacht sich als quasi unerschütterlich und auf Jahrhunderte garantiert betrachtete, ist ihr Grundmuster dennoch das ständige Weglaufen von dem Ort, an dem man sich gerade befindet. Vom Kommunismus übrigens gar nicht zu reden, der wie das Heubündel vor dem Esel hing - niemals bekam ihn der Esel zu fassen. Schon allein die Idee, nicht das Heute ist wichtig, sondern das Morgen, das Heute ist sozusagen bloße Müllgrube und etwas Zufälliges ... Die Grundidee ist die des Pfeils, der unendlichen Bewegung vom Gestern in die Zukunft. In diesem Sinne ist der Waggon ein geradezu ideales Bild, weil er da ist und auch nicht. Was ist das denn im Grunde, ein Waggon? Der Waggon ist ein Transportmittel, in das wir uns in der Absicht setzen, irgendwohin zu fahren. Woher und wohin, ist klar – aus dem Kapitalismus in den Kommunismus. Der Waggon ist der Ort, an dem wir glücklich reisen. Die Reise selbst wie auch das für alle literarischen wie bildnerischen Formen entscheidende Thema der Reise ('wir fahren, fahren, fahren in ferne Lande') ist in diesem Sinne ein Antidenkmal. Was kann das schon für ein Denkmal sein, das fährt und sich gleichzeitig nicht vom Fleck rührt. Eine ewige Reise ...

B. G. Es bewegt sich ewig und steht darum auf der Stelle. Ich glaube, hier liegt ein sehr wichtiges Moment, warum die Sowjets keine eigene Zivilisation geschaffen haben. Jede Zivilisation gibt sich irgendeine Form und grenzt sich von der sie umgebenden Barbarei ab. Die sowjetische Zivilisation hatte eine totale, universalistische Aufgabe: Sie wollte alles einbegreifen. Und dieser Wunsch nahm ihr die Möglichkeit, eine bestimmte Form innerhalb des umfassenden Systems der Weltkultur zu schaffen. Schon Lenin sagte: Wir müssen das Beste nehmen, das die Bourgeoisie geschaffen hat, und uns aneignen, wir müssen uns alle nationalen Kulturen aneignen etc. Die totale Aufgabe, die sich die Sowjetmacht stellte, lautete: Alles einzubegreifen. Und sie führte zu ihrer völligen Undifferenziertheit und Nichtexistenz. Denn aufgrund der Totalität ihres Denkens konnte sie nichts opfern, konnte sie von nichts sagen: Nein, das will ich nicht, davon will ich mich abgrenzen, dem will ich mich entgegenstellen. Letztendlich hat sie sich gar keine Form gegeben, sich von nichts abgegrenzt. In diesem Sinne war der Versuch der Soz-Art, ihr eine ästhetische Form zu geben, ein kritischer. Es war der Versuch, sich zu fragen, was geht eigentlich vor auf diesem Teil des Planeten, auf diesem spezifischen Territorium, in dieser spezifischen Zivilisation? Und in dem Moment, als die sowjetische Zivilisation begann, als bestimmte spezifische kulturelle Form angeeignet zu werden, zerfiel sie, brach sie zusammen. Es stellte sich heraus, daß sie nur als universaler Entwurf existieren konnte. In dem Moment, als sie ihre Grenzen erreicht hatte, stürzte sie mit Getöse ein. Das gilt übrigens für jedes Imperium. Das Imperium existiert nur, solange es sich ausdehnt, darauf aus ist, alles zu verschlingen. Kaum hat es seine Grenzen erreicht, zerfällt es von innen. Es hält die eigenen Formen nicht aus und kann nicht mehr existieren. Es ist von seiner ganzen Idee her formlos.

I. K. Ja, und trotzdem ist das Grundlegende die Bewegung. Was man gewöhnlich als Stagnation bezeichnet ... Die Zeit der Stagnation ... Das war ein schreckliches Gefühl, daß alles stehenblieb. Doch dieses Gefühl des Stehenbleibens war verknüpft mit dem anderen Gefühl, daß sich alles bewegte in seiner schizophrenen Gespaltenheit (damals tauchte die inoffizielle Kunst und die zweite Kultur auf) - auch das war eine Bewegung: Innerhalb dieses Systems, doch zu anderen Ufern.

B. G. Die Reflexion! In dem Moment, als die Expansion aufhörte, begann die Reflexion, begann das Verstehen dieser Kultur als einer bestimmten Form, eines bestimmten Gegenstandes unter anderen, und alles war zu Ende.

I. K. Sobald der Gegenstand als solcher faßbar wurde, tauchte um ihn herum ein Wissen auf, das ihn zu beschreiben begann. Interessanterweise ging die Reflexion auch einen ziemlich simplen Weg, sie trat auf als Archiv, als Aufzählung dessen, was es im Reich alles gibt. Auch darin steckt ein stabilisierender Faktor.

L. Popova, Bühnenmodell für die Posse 'Der großmütige Hahnrei', 1922
L. Popova, stage model for the farce 'The Magnanimous Cuckold', 1922

V. Tatlin, Denkmal für die III. Internationale, Anfertigung des Modells, 1920
V. Tatlin, Monument to the Third International, construction of the model, 1920

Wenn man Prigovs Texte nimmt, sie bewegen sich nach dem Prinzip des Epos, der Beschreibung aller Ecken und Winkel der unermeßlichen sowjetischen Seele.

B. G. Im Prinzip ist das eine Beschreibung von allem. Das ist ein Bild der russischen Kunst, das das Bild des Russischen Reichs beerbt. Alles und nichts. Es beschreibt nichts im einzelnen und im besonderen. Jeder russische Text ist ein Text über alles. Alle russische Kunst handelt von allem. Sie reproduziert die Struktur des russischen imperialen Bewußtseins, das ein Bewußtsein von allem ist, weil der Kommunismus das ist, was sich auf alles bezieht ... Die ganze Menschheit im Weltmaßstab.

I. K. Allgemein ist das das Problem der gnoseologischen Suche, das darin besteht, alles wissen zu müssen, ein für alle Mal. Die Unmöglichkeit, auf Vollständigkeit zu verzichten.

B. G. Und alles zu inventarisieren.

I. K. Auf die dunkle Frage - warum möchtest du alles inventarisieren? - gibt es eine sehr einfache Antwort: Weil dies der Auftrag all dessen ist. Es ist ein tautologischer Akt. Du handelst nicht als Forscher, sondern als Mensch, der unter Druck ist. Das heißt, man reproduziert auf anderer Ebene immer dieselbe Situation.

B. G. Aber trotzdem möchte ich zu Deinem Waggon zurückkehren. Bei unserem Gespräch über Deine Arbeit gehen wir von der Annahme aus, daß diese Arbeit die Sowjetmacht beschreibt, ihre utopischen Träume, ihre Stagnation. Aber ist das überhaupt so? Dein Waggon läßt sich beschreiben als Metapher jedes menschlichen Lebens, das mit großen Hoffnungen beginnt, sich dann fortsetzt in einer gewissen erotischen Faszination - diese Lieder, die man im Waggon hört, sind ja erotisch - und schließlich mit einem Tritt in den Hintern, dem Rausschmiß auf den Müllhaufen endet. Oder er läßt sich beschreiben als Metapher des Kunstwerks, das in Ekstase begonnen wird, dann entsteht das Bild, das man lange fasziniert betrachtet, und dann wird der ganze Müll, der übrigbleibt, weggeschmissen. Und das ist jene Realität, die außerhalb dieses Bildes blieb. Das heißt, Dein Waggon läßt eine Menge Interpretationen zu, und ich meine, die Sowjetmacht, ihre Geschichte, ist nur eine mögliche. Faszination, Realisierung und Frustration beziehen sich auf die Sowjetmacht und auf alles nur Mögliche.

I. K. Natürlich. Eine andere alte Idee ist die der Brücke. Diese chronologischen Bilder - sogenannte Stufenalter - sind nach dem bekannten mittelalterlichen Schema gebaut: Ein Kind wird geboren, es beginnt seinen Aufstieg, kommt bis zum Scheitelpunkt der Brücke. Das mittlere Alter ist die Mitte der Brücke, und dann geht es ruhig bergab Richtung Grab. Kürzlich habe ich mit meiner Enkelin bei Dina Vierny eins dieser fliegenden Blätter betrachtet, und meine Enkelin hat gefragt: „Opa, zeig mal, wo bist du?“ Ich zeigte dorthin, wo der Mensch sich der Mitte des Abstiegs nähert. „Und ich bin da“, sagte meine Enkelin und zeigte ganz auf den Anfang. Es gibt auch ein altes jüdisches Lied, in dem der Lebensweg als Reise auf den Jahrmarkt und Rückkehr von ihm dargestellt wird. Die Brücke des Lebens ist die Brücke in die Hoffnung. Man hat sie auf die sowjetische Geschichte übertragen, transplantiert: Denn das jugendliche, das beginnende Leben ist immer eine Bewegung zum Himmel. Die Mitte des Lebens, das eigentliche Leben ist ein langer Kasten, ein langer Schornstein, angefüllt mit allem möglichen, aber ziemlich eintönig und dunkel. Und das Ende ist wie die Öffnung eines Tores unbekannt wohin.

B. G. Nun, und das Bild, das heißt das Schaffen eines Kunstwerks und die anschließende Frustration bzw. das, was nach ihm bleibt. Das ist doch überhaupt Dein Thema – die Inventarisierung all dessen, was nach dem künstlerischen Akt bleibt oder von ihm nicht berührt wird. Zu diesem Thema steckt in all Deinen Arbeiten sehr viel.

I. K. Natürlich, eines der Probleme, die mich schon lange beschäftigen, ist der Ort der Installation im Verhältnis zum Bild und umgekehrt. Dazu kenne ich viele radikale Ansichten, darunter die von Beuys, der sehr früh das Inflationäre und Perspektivlose des Bildermachens entdeckte und einen Strich zog, sagte, das ist gestorben, wir müssen anfangen, etwas anderes zu machen. Eine so radikale Lösung war für mich nicht annehmbar, weil mich interessierte, welchen Ort das Bild - das noch längst nicht tot ist und auch nicht so bald sein wird - welchen Ort es in der nächsten Zeit einnehmen kann. Der Ort des Bildes in der Installation ähnelt für mich dem Platz der Eltern in der gemeinsamen Wohnung mit ihren Kindern. Man setzt sie nicht vor die Tür, man läßt sie in ihrem Zimmer in Ruhe und bittet sie, sich nicht einzumischen, aber man trinkt mit ihnen Tee und bringt ihnen Achtung entgegen ... so steht das Bild nicht im Mittelpunkt, aber es ist durchaus geachtet und erfreut sich einer nicht geringen Aufmerksamkeit.

B. G. Ich hätte noch eine Interpretation des Waggons, die ich mit Dir besprechen möchte, weil sie mir aktuell erscheint. Vielleicht ist er der Waggon, in dem Du aus der Sowjetunion ausgereist bist, in dem überhaupt die sowjetische Kunst - die inoffizielle Kunst, der sowjetische Konzeptualismus - mit großen Erwartungen in den Westen ausgereist ist. Wir haben wieder dieselbe Situation: Große Erwartungen am Anfang, sowjetisches Kolorit in der Mitte, und am Ende, was von ihm übrig bleibt. Nun steht dieser Waggon mit all dieser sowjetischen künstlerischen Habe im westlichen Raum, bezeichnenderweise ohne Räder, und rührt sich nicht vom Fleck. Zurück fährt er auch nicht, was sehr wichtig ist. Das ist die ausgereiste Kunst, angepflockt im westlichen musealen Raum, und dort steht sie. Wie fühlst Du Dich als Bewohner dieses Provisoriums, dieses Waggons? Warum fährt er nicht zurück oder an irgendeinen anderen Ort? Was geschieht mit ihm?

I. K. Als Künstler muß ich in Bildern sprechen, und die beste Antwort wären meine Evakuierungserinnerungen. Es gab im Gebiet des Nördlichen Kaukasus tatsächlich neben den Güterbahnhöfen, überhaupt neben Bahnhöfen, Siedlungen aus alten Waggons, aus Passagierwaggons sogar, Waggons der ersten Klasse, die recht interessante architektonische Gebilde darstellten - vielzimmrige, sogar Kommunalwohnungen. Durchgebrochene Hinter- und Vordertüren, sorgfältig gebaute Treppen, sehr schön angestrichen, mit Blumentöpfen darauf ... Davor kleine Rasenstücke, wo Gurken und Tomaten wuchsen. Die Waggons waren in mehreren Farben gestrichen, je nach der Zahl ihrer Bewohner. Man versuchte, den Waggons ein wohnliches Aussehen zu geben, die Menschen richteten sich dort für lange ein. Aber zugleich war das Leben außerordentlich unstet, weil das Schicksal dieser Waggoninsassen und der angepflockten Züge völlig offen war. Sie standen einfach da, und die Einstellung des Bahnhofsvorstands zu ihnen war vollkommen unklar. Wenn man davon ausging, daß

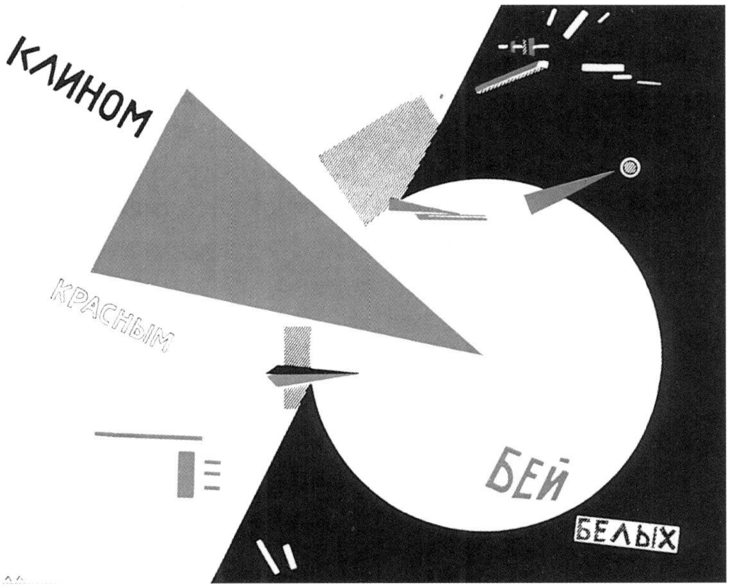

El Lissitzky, 'Schlagt die Weißen mit dem Roten Keil', Plakat, 1929
El Lissitzky, 'Beat the Whites with the Red Wedge', poster, 1929

N. Kolli, Architekturkonstruktion 'Der Rote Keil', 1918
N. Kolli, architectural construction 'The Red Wedge', 1918

V. Tatlin, Modell des 'Letatlin'
V. Tatlin, model of 'Letatlin'

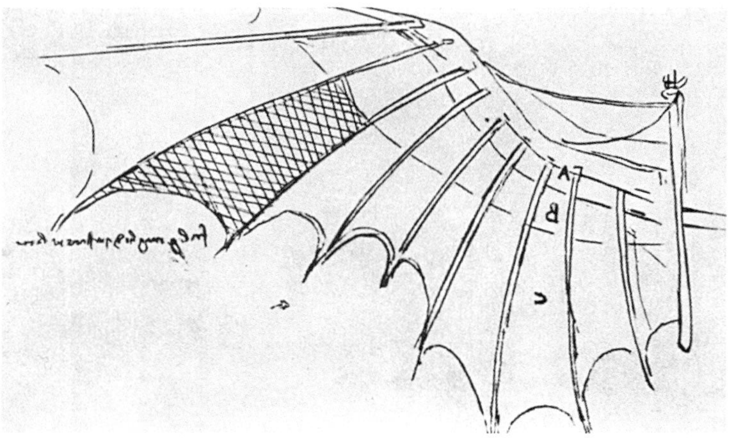

Leonardo da Vinci, Entwurf eines Flugapparates
Leonardo da Vinci, design of an air gadget

V. Tatlin, 'Letatlin', Detailzeichnung des Flügels
V. Tatlin, 'Letatlin', detail design of the wing

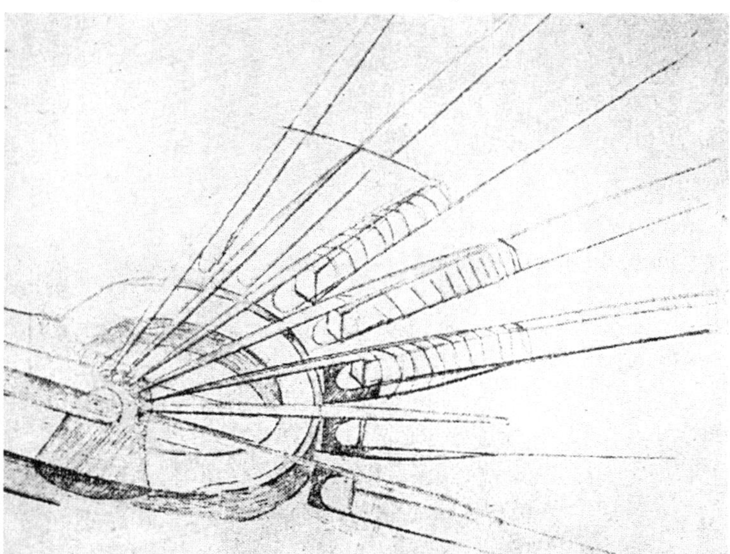

das Arbeitswaggons waren, d.h. die Leute auf Zeit gekommen sind und diese Bahnhofsgleise nach der Ausführung der Bau- oder Reparatur-Arbeiten wieder verlassen, dann konnte man sie mit der gewaltigen Zahl ihrer Kinder, mit dem Heidenlärm, mit den Frauen, die in Kesseln Suppe kochten, dulden. Doch wenn man annahm, daß sie sich für immer angesiedelt haben, so weckte das ein sonderbares Gefühl: Wenn Ihr entschlossen seid, für immer zu bleiben, warum zieht Ihr nicht in Häuser, sondern bleibt bei dem Waggon-Leben? Das Biwak-Leben taugt für einen Kriegszug zur Besetzung von Territorium und überhaupt irgendetwas potentiell Siegreichem. Aber ein Biwak als Wohnanlage ist sonderbar. Zu Zeiten des italienischen Neo-Realismus gab es riesige Sperrholzsiedlungen, die die Städte umgaben ... Es war klar, daß sie für die Armen waren, aber dort gab es keine Siedlungen für Zugezogene ... Irgendetwas Vergleichbares fühle ich in unserem Schicksal – das vollkommen mobile Leben. Wir sind gekommen, um etwas zu bauen, zu zeigen, zu tanzen, zu demonstrieren. Andererseits steht all das auf Gleisen, nicht am richtigen Ort, und außerdem ist unbekannt, wie lange diese Dienstreise dauern soll.

B. G. Übrigens ist die westliche Kunstwelt, deren Teil wir sind, selbst sehr mobil, ihr Leben besteht aus dem Umherziehen von Ort zu Ort. Überhaupt ist die zeitgenössische Kultur eine mobile Kultur, d.h. man zirkuliert und reist die ganze Zeit. Das ist die Hauptfunktion des Künstlers und Intellektuellen hier, das ist eine obdachlose Lebensweise auf Rädern. Vielleicht kann man sagen, daß das eine zweite Heimat ist - das Verkehrsnetz ...

I. K. Dann muß aber die Mobilität in diesem Netz gut funktionieren. Daß man zumindest weiß, wohin man beispielsweise in zwei Monaten fährt. Wichtig ist die ununterbrochene Dynamik und das sichere Gefühl, daß man wie ein Gastrollenspieler, Zirkusmensch oder eine Truppe von Boxern genau die Orte des Jahreszyklus' kennt. Wenn man die Garantie des Weiterziehens für die nächsten ein oder anderthalb Jahre hat, dann legt sich die Unruhe darüber, daß man ständig in einer Stadt auf Rädern lebt. Mit dem Weiterziehen hebt man diese Unsicherheit auf.

B. G. Aber von dieser Reise nach Hause zurückzukehren, dorthin, woher man gekommen ist, nach

Moskau, Rio de Janeiro oder einem anderen Ort - das kommt, soweit ich das bei meinen Freunden, auch Deutschen, beobachte, niemandem in den Sinn. Sie fahren von Ort zu Ort, und dieses Herumfahren impliziert nicht den Begriff der Rückkehr an einen bestimmten Ort und des dort Bleibens, weil sie sich alle integriert haben in diesen Strom, der auch ihr Leben ist. Ich denke nicht nach über die Möglichkeit, nach Moskau zurückzukehren, obwohl es gut wäre, wieder einmal dort zu sein, sogar für länger. Das ist ein Gefühl, weniger, daß ich von dieser Reise nach Moskau zurückkehren sollte, als daß ich gerne hätte, daß Moskau angeschlossen wäre an dieses Liniennetz, damit es genauso natürlich wäre, nach Moskau zu fahren, wie etwa nach Reykjavik oder Los Angeles. Hast Du dieses Gefühl?

I. K. Ich habe jetzt nicht dieses zyklisch Kreisende wie die Spielzeugeisenbahn, die man auf Bahnhöfen zur Unterhaltung der Kinder aufstellt, die die Erwachsenen von oben anschauen und nicht von unten wie das Kind, das nicht ahnt, daß sie im Kreis fährt. Ich habe dieses Gefühl bisher noch nicht. Ich habe das Gefühl, daß meine Bewegung nach vorn geht. Obwohl ich jetzt viele Zickzackbewegungen mache im Zusammenhang mit Ausstellungen, habe ich das Gefühl, daß jede folgende Ausstellung die gleiche Bewegungsrichtung hat, d.h. für mich ist, um noch einmal auf das Bergsteigen zurückzukommen, jede Ausstellung nicht eine Bewegung rings um den Berg, sondern doch ein Aufstieg.

B. G. Aber Du weißt nicht, wohin das führt? Du hast das Gefühl, zu steigen, aber Du siehst den Gipfel nicht?

I. K. Nein. Ich sehe den Gipfel nicht. Vielleicht, weil für mich jedes Stück dieses Aufstiegs eine ziemlich panische und hysterische Situation darstellt. Alle Ausstellungen, die ich gemacht habe, bringen mich quasi unabwendbar der Katastrophe näher: Ich werde entlarvt werden in meiner Unbegabtheit, Nichtigkeit, wenn endgültig klar wird, was bisher noch nicht klar war - daß das alles Scheiße ist. Das heißt, ich habe bei jeder neuen Ausstellung die Angst einer noch größeren Höhe. Wir sitzen jetzt in Köln, in einigen Tagen wird hier eine Ausstellung eröffnet, ich habe eine sehr wichtige Ausstellung im Museum of Modern Art in New York hinter mir. Und trotz-

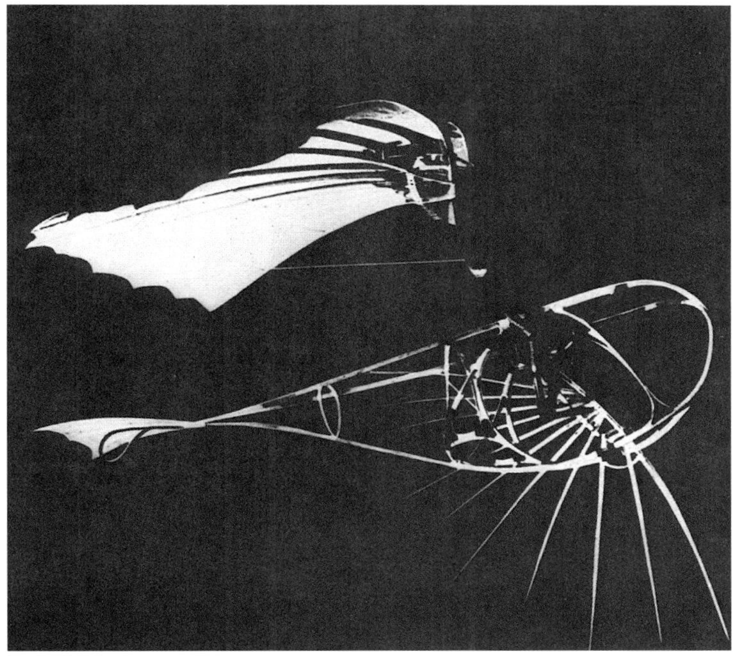

V. Tatlin, 'Letatlin', Modell, 1929 - 1932
V. Tatlin, 'Letatlin', model, 1929 - 1932

V. Tatlin und Kollegen bei Versuchen mit dem Luftgleiter 'Letatlin', ca. 1932
V. Tatlin and colleagues attempting to launch 'Letatlin', c. 1932

dem ist meine Panik vor Köln noch größer, als sie vor der New Yorker Ausstellung war. Das nur als Illustration dessen, daß ich die vorwärts gerichtete Bewegung heute sehr aktuell erlebe.

B. G. Ja, aber das läßt sich auf zwei Arten verstehen. Ist das bei Dir die Bewegung hin zu der Feststellung, daß Deine Kunst den Boden unter den Füßen spürt? Oder geht es darum, was Du selbst willst - daß Dein eigenes Projekt irgendwelche Veränderungen durchmacht? Das sind ja zwei verschiedene Dinge. Die Bewegung im Sinne der Gewinnung kulturellen Bodens ist die eine, die Transformation Deiner künstlerischen Aufgabe selbst eine andere Sache.

I. K. Ich könnte es so beschreiben: Das ist wieder eine Rückkehr zum Thema des 'Roten Waggons'. Die Grundlage des 'Roten Waggons' ist, daß er Außen und Innen hat. Es ist ziemlich selten, daß der Betrachter sowohl das Äußere als auch das Innere einer Installation sehen und ihre Ambivalenz, ihre Unterschiedlichkeit erkennen kann. In gewissem Sinne will ich in meinen Installationen nicht einzelne Themen, Gegenstände, Situationen etc. zeigen, sondern vielmehr ein vollständiges Quadrat des russischen Lebens. Als ich die Installationen sah, die man im Westen macht, verblüffte mich, daß sie fast alle aus Gegenständen bestehen, die so oder anders in mehr oder weniger großen Räumen plaziert sind. Natürlich reagieren sie auf deren Maße, die Länge etc. Aber die Idee, den Raum umzugestalten, umzufunktionieren, zu verändern - das habe ich in sehr wenigen Beispielen gesehen. Auch nicht in Räumen, die bewußt dunkel, furchteinflößend gehalten sind, um einen optischen Effekt zu erzielen, zu erschrecken etc. Einen anderen Raum als solchen zu erzeugen, diese Absicht habe ich nirgends angetroffen. Als ich meine ersten Installationen im Westen machte, war mir das Dringlichste nicht, die mir vertrauten Gegenstände zu zeigen, sondern erst einmal jenes dreidimensionale Feld zu schaffen, bei dessen Betreten der Betrachter das, was ihm gezeigt wird, aus meiner Sicht richtig begreifen und interpretieren könnte - d.h. ich habe im Grunde einen Kubus sowjetischer Luft exportiert. Die Erzeugung dieser unterschiedlich dimensionierten Kuben war das ursprüngliche Ziel meiner Installation, anschließend kann man dann alles mögliche dorthinein versetzen. Dies war im Grunde meine einzige Absicht. Wenn mir dieser Kubus gelungen schien, war der Rest nicht mehr schwer. Das Ziel der Reise, auf der ich mich bis heute befinde, besteht darin, an alle Orte, an die es mich verschlägt, diesen Kubus sowjetischer Luft zu bringen.

B. G. Sowjetischer Luft oder Deiner eigenen?

I. K. Das ist eine schwierige Frage. Natürlich habe ich Sowjetisches niemals als 'das Sowjetische', erlebt. Ich wußte, daß ich selbst sowjetisch bin. Das Sowjetische war auch mein eigenes. Ich stand nie vor dem Dilemma 'Ich oder der Sowjetbürger'. Allerdings war ich immer bereit, das Sowjetische mit negativem Vorzeichen zu erleben. Quasi als Nichtexistenz, als moralisch Unschönes, als mit einem großen 'Minus'-Zeichen Versehenes. Aber es ist durchaus möglich, daß ich dieselbe Einstellung auch zu mir selbst hatte. Warum müssen wir uns als schön, vollwertig, moralisch, rein etc. erweisen? Natürlich fordert die Moral, zu sagen: Die Sowjetmacht ist schlecht, aber ich bin trotzdem rein, geistig geblieben. Wir kommen hier zu einem wichtigen, zentralen Problem ...

B. G. Ich habe den Eindruck, Dein Verhältnis zu allem Sowjetischen ist nicht kritisch-entlarvend. Du verhältst dich zu ihm, indem du die Ästhetik dieser Situation zeigst, sie als reale Sphäre des ästhetischen Erlebens zeigst. Das beinhaltet keinerlei negativwertendes Moment.

I. K. Natürlich. Dann ist man ja selbst Gegenstand der Objektivierung, Gegenstand der Reflexion. Darum konfrontiert mich das Gespräch darüber, ob ich nicht heute so eine Installation - in diesem Fall den 'Roten Waggon' - in Rußland machen will, damit, etwas zeigen zu sollen, das ich schon gezeigt habe. Interessanterweise wirkte während des Bestehens der Sowjetmacht und der inoffiziellen Kunst das Vorführen des Sowjetischen Lebens, wie ich und meine Freunde das wollten, vor einem bestimmten Hintergrund gewissermaßen als Signal. Das heißt ein solches Vorführen kannte die offizielle sowjetische Wirklichkeit nicht: So kühne Attacken, Entlarvungen, Ausfälle. Du erinnerst Dich, ich habe das 'Zimmer des in den Kosmos Geflogenen' gemacht - da war alles mit Plakaten beklebt. Du weißt, ich habe es erst dann hervorgeholt, als Du gekommen warst, und dann habe ich es schnell wieder eingepackt und, zitternd vor

Angst, auf verschiedene Ecken verteilt. Zusammen konnte es vernichtend wirken auf jede etwa erscheinende Kommission. Aber inzwischen, wo dieses Signal und sein Hintergrund nicht mehr existieren, wo der Grad der Entlarvung keine Rolle mehr spielt, wo alles schon entlarvt ist - und in sehr viel höherem Maße in der Publizistik - hat eine solche Arbeit nicht mehr die nötige Wirkung. Diese Installationen sind in ihren ästhetischen Qualitäten nur darum lesbar, weil sie im Kontrast zu der Kultur stehen, in der sie gezeigt werden.

B. G. Du meinst jetzt zu der westlichen Kultur?

I. K. Ja, sie haben Signalwirkung, ästhetisch und plastisch. Die Atmosphäre des Dunkels etwa, die ich erzeuge, wird als etwas Kontrastierendes, Neues (ich will nicht sagen Neues im künstlerischen Sinne) erlebt, als Zeichen vor dem Hintergrund der anderen Zeichen - ich habe nicht das Gefühl, daß das bei einer Ausstellung bei uns ein künstlerisches Phänomen wäre.

B. G. Ich glaube doch. Es würde quasi im Kontrast zu diesen ständigen Entlarvungen gesehen.

I. K. Mir ist hier das konservierende Moment wichtig.

B. G. Ja, die ästhetische Bewahrung und die ästhetische Rechtfertigung.

I. K. Ich denke, das kommt später. Ein heutiges Denkmal für die Sowjetmacht - eines wie der 'Rote Waggon', wenn man ihn wirklich als Denkmal ansieht - er wird, auch wenn er keine Räder hat, doch in der Zeit treiben. Heute steckt er in so einem Tunnel, der noch nicht Vergangenheit genug ist, als daß man über ihn ästhetisch urteilen und ihn als Reaktion auf das Auftreten des Konstruktivismus oder die ersten Jahre der Sowjetmacht interpretieren könnte. Aber dem Heutigen ist er schon nicht mehr nah genug, als daß man ihn als realen Reflex darauf wahrnähme. Er ist noch nicht Großvater, aber auch kein Schulkamerad mehr. Er ist in dem Bereich, der verworfen oder eher übersehen wird. Heute kann man das meiner Meinung nach nicht betrachten.

B. G. Es ist sehr schwer, darauf in soziologischen Termini zu antworten. Wenn ich diese und ähnliche Arbeiten sehe, dann habe ich den Eindruck, daß sie

Athen, Hephaisteion, 449 - 444 v. Chr.
Athens, Hephaisteion, 449 - 444 BC

Babylon, Ischtartor, um 570 v. Chr.
Babylon, arch of Ishtar, c. 570 BC

schon jetzt eine gewaltige Potenz, wenn Du willst, eine moralische Potenz besitzen. Im Moment verbreitet sich - und das ist natürlich - die Auffassung, daß all diese Jahrzehnte verlorene Zeit sind, daß es sie quasi gar nicht gegeben hat. Aber da sind ja ganze Generationen von Menschen, die in dieser Zeit geboren wurden, in dieser Zeit lebten und in dieser Zeit starben. Das heißt, ihr einziger Platz in der Geschichte, im Leben, ist dieser Platz. Wenn man sagt, dieser Platz ist leer, an diesem Platz ist nichts gewesen, heißt das, Millionen Menschen quasi aus dem historischen Leben zu streichen. Das heißt, zu behaupten, daß sie keinen Platz haben in der Geschichte, daß sie keine Berechtigung haben, daß ihr Leben sinnlos, ohne Kontext ist. Diese Menschen haben ihr einziges, von Gott gegebenes Leben gelebt, und sie haben es so gelebt, wie alle anderen Menschen auch mit ihrer Ästhetik, mit ihren Träumen, mit ihren Problemen. Und diese Probleme und die Ästhetik dieser Träume sind für mich in nichts besser oder schlechter als alle anderen. Und in diesem Sinne äußern Deine Arbeiten, die diese Ästhetik zeigen, in ihrer engen Verbundenheit mit dem Schicksal des Einzelnen und seinen Träumen, mit seiner unwiederholbaren Existenz, Deinen Widerspruch gegen diese sinnlose, rein politische und ideologische Streichung einer ganzen Generation, einer ganzen Geschichte, eines ganzen kulturellen Phänomens aus der historischen Reihe. Diese Streichung ist historisch und kulturell falsch und auch moralisch falsch. In mir persönlich weckt sie scharfen Protest.

I. K. Da stimme ich Dir zu, natürlich. Heute lese ich in Moskauer Zeitschriften immer wieder von einer neuen künstlerischen Wende, einem neuen künstlerischen Bruch, der darin bestehen soll, daß der sogenannte Konzeptualismus, eben jene unglückselige Soz-Art, endlich tot sei, daß man sie als schlechte Kunst und, kraft ihrer organisierenden Struktur, sogar als Übel ansehen könne. Du kennst die Auffassung, es handle sich um irgendwelche bewußten Bösewichte, die ein sehr feines Netz geknüpft haben, in dem sich viele verfangen haben und das so geschickt und fein gesponnen ist, daß der Bann, den sie über alles Lebendige rundum gelegt haben, vollkommen unschuldig aussah, als wäre er nicht ihr Ziel gewesen. Doch jetzt ist Gottseidank alles entlarvt. Es läßt sich eben nichts vollständig geheimhalten. Jetzt ist allen klar, daß das eine gut organisierte Gruppe von Leuten war, die alles genau abgesprochen haben - vor allem bezüglich derer, die nicht zu ihnen gehörten. Was natürlich eine Katastrophe war für die eigenen Freunde aus derselben Generation, aber auch keine geringere Katastrophe für alles Heranwachsende, Junge, Lebendige, Talentierte. Das war so gut organisiert, daß in weitem Umkreis die besten Kräfte und Ansätze untergingen. Zwei Jahrzehnte oder sogar länger wurde alles niedergemacht und vernichtet, was eine Andeutung von Konkurrenz hätte sein können. Der Triumph dieser kriminellen Bande ist nun endlich aufgedeckt. Herausgestellt hat sich nicht nur der kriminelle, sondern auch der ästhetisch nichtige Inhalt ihres Tuns. So sind diese Jahrzehnte ausgemacht als dürre, unfruchtbare, unendlich graue und magere Jahre unserer Kunst. Wenn sie den Sieg zu Recht errungen, rechtmäßig diesen Platz eingenommen hätten ... aber das Resultat, wenn man auf diese Jahre schaut, ist derart trostlos und traurig, daß man nur staunen kann, wie solche Unbegabtheiten, solche Leute ohne Geschmack und Farbe sich überhaupt halten konnten. Nun aber, dem Schicksal, aber auch dem Ende der Sowjetmacht sei Dank, erblühen alle nur möglichen Blumen, oder besser wachsen die Pilze nach dem Regen in rasantem Tempo ... Darum gleicht das Erscheinen dieser Monstren aus Gräbern gereckten Gespenstern, die wieder in ihre Särge zurückkehren müssen.

B. G. Das ist natürlich auch ein wunderbares konzeptualistisches Bild, ein Soz-Art-Bild mit all seinen charakteristischen ästhetischen Qualitäten. Aber wie wir wissen, ist das Leben traurig, und zwar darum, weil es öde und uninteressant ist. Darum funktioniert die Theorie der Verschwörung nicht. Das Leben liest sich leider nicht wie ein Kriminalroman. In der Realität geht es banal zu, und zwar: Die Kunst der ganzen Welt beschäftigt sich in den letzten zehn Jahren mit der Frage nach dem Kontext der künstlerischen Tradition, der Frage, in welchem politischen, sozialen, psychologischen, semiotischen, medialen oder sonstigen Kontext das Kunstwerk steht. Dies hat die Kunst über Jahrzehnte beschäftigt und tut es noch. Der Versuch, sich dieser Fragestellung zu verweigern und sich wieder der Illusion einer isolierten künstlerischen Tradition zuzuwenden, die für sich existiert, unabhängig von ihrem sozialen oder sonstigen Kontext, erinnert mich an viele sowjetische Arbeiten, deren Autoren Freud nicht gelesen haben. Sie wirken wie ein sexuelles Delirieren. Das gilt auch für alles andere -

eine solche Naivität macht einfach den Eindruck des Irren. Die weitere Entwicklung der Kunst kann nur einen Weg gehen - den der Radikalisierung dieses Wunsches, zu klären, was denn jenseits der Tradition liegt, was neben ihr liegt, was übersehen, versteckt, unreflektiert blieb. Das Bemühen, den Mantel über all das zu breiten und zu sagen: Das hat es in Wirklichkeit nicht gegeben, oder: Wir haben da etwas Schreckliches gesehen, besser nicht in diese Richtung schauen - das ist eine schreckliche Naivität, die die sowjetische Kunst, wenn das so bleibt, einfach uninteressant macht für den Westen. Die Moskauer Konzept-Künstler waren für den Westen interessant, weil sie das beschäftigte, was die Kunst auf der ganzen Welt beschäftigt.

I. K. Aber das ist eben auch gerade das, worauf man verweisen muß, als das Abscheulichste an unserer Zeit. Daß nämlich diese Schufte, nennen wir sie direkt so, sich am Erfolg im Westen orientiert haben. Und inzwischen sind die, die sich an diesem Westen orientiert haben, von ihm auch angenommen. Aber wir tun ihnen das jetzt nicht nach, weil das ein offensichtlich falscher Standpunkt ist, weil wir damit unsere Identität, unser eigenes Gesicht verloren haben ... Mitten unter uns ist etwas Fremdes aufgetaucht, das schließlich wieder dorthin verschwunden ist, wohin es gehört.

B. G. Ich denke, daß die Leute, die das sagen, nicht erklären können, womit sie sich im Grunde beschäftigen. Meine Erfahrung im Westen hat mir gezeigt, daß jeder, womit er sich auch beschäftigt hat, mit Arithmetik oder mit dem Konzeptualismus, wenn er sich überhaupt mit irgendetwas beschäftigt hat, im Westen automatisch zu Leuten findet, die sich mit demselben beschäftigt haben: Der Ichthyologe zu Ichthyologen, der Mathematiker zu Mathematikern, der Konzeptualist zu Konzeptualisten. Probleme bekommt, wer sich mit gar nichts beschäftigt hat oder mit etwas völlig Undefinierbarem. Und leider hat sich der größte Teil der sowjetischen Kunst mit ‘Kunst an sich’ beschäftigt - und das war keine spezifische, bestimmte Auseinandersetzung mit einer bestimmten Fragestellung. Wenn ich die Arbeiten dieser Leute anschaue, verstehe ich nicht, womit sie sich beschäftigt haben. Wenn ein westlicher Kurator sie anschaut, kann er es auch nicht verstehen, er kann ihnen ganz elementar keinen Platz zuweisen in seinem Ausstellungsraum. Das Tragische bei diesen

A. Lavinskij, Plakat zum Film 'Panzerkreuzer Potemkin', 1926
A. Lavinskij, Poster to the Movie 'Armoured Cruiser Potemkin', 1926

M. Ceremych, 'Und dafür hat der Zar Orden vergeben ...', 1920
M. Ceremych, 'And therefore people were decorated by the Czar ...', 1920

Die Brigade von Izorama, Dekoration auf dem Uritsky-Platz in Leningrad am 1. Mai 1932
The brigade of Izorama, decoration on the Uritsky Square in Leningrad on May 1st, 1932

Dekoration auf dem Sverdlov-Platz in Moskau am 1. Mai 1933/Decoration on the Sverdlov's Square in Moscow, May 1st, 1933

Arbeiten ist, daß sie, wenn sie wirklich originell wären und damit im Kontrast stünden zum Westen, sehr schnell gekauft und ausgestellt würden. Weil sich der Westen sehr schnell auf alles Andere, Neue stürzt. Schon aus kommerziellen Gründen fängt er sehr schnell an, damit zu handeln, der Markt sucht das neue Produkt. Aber diese Leute haben keinerlei neues Produkt geschaffen, ihre Arbeiten wirken banal und ausdruckslos im Vergleich zu dem, was sonst geschieht, zu der vorhandenen Auswahl an künstlerischer Produktion. Die Soz-Art und der Moskauer Konzeptualismus aber brachten gerade diese kontrastierende Geste: Im Vergleich zu dem, womit man sich im Westen beschäftigt, waren sie anders, besonders. Der größte Teil der sowjetischen Produktion ist einfach undefinierbar. Wenn sie wirklich anders wäre, originell, wäre alles gar kein Problem.

I. K. Ich spreche jetzt von einer Situation, in der jede folgende Generation - und das ist natürlich - für die eigene Selbstidentifikation, Selbsterkenntnis sich so oder anders von der Vergangenheit abstoßen, sie verwerfen und sich über die Negation des Vorausgegangenen definieren muß. Auch heute wiederholt sich selbstverständlich immer dieselbe Situation, wie das auch in unserer Generation war, wie das immer war, zumindest in der russischen Tradition. Und trotzdem muß ich sagen: Soweit ich die Arbeiten der folgenden Generation kenne, sind sie fast alle irgendwie Paraphrase, Reflexion, Verarbeitung von Dingen, die in diesem Bereich schon gemacht sind, in der Moskauer inoffiziellen Kunst, der Moskauer Soz-Art oder dem Konzeptualismus. Ob die nachwachsenden Künstler das anstreben oder nicht - irgendwelche neuen Formen oder Ideen hervorzubringen, bereits Gemachtes hinter sich zu lassen, ist, finde ich, praktisch unmöglich. Auch heute sieht es doch so aus - wie sonderbar auch immer - als bestünde die einzige reale künstlerische Wirklichkeit eben in jenem Korpus von Arbeiten, Texten oder Ideen, die diese Richtung geprägt haben.

B. G. Ich habe eine Hypothese, warum die folgende Generation das nicht überwinden kann. Ich denke, es ist so, daß die Kunst des Konzeptualismus oder der Soz-Art in Rußland bis heute nicht zur dominierenden Norm geworden ist. Sie ist im Grunde unbekannt. Die Leute wissen, daß es solche Künstler gibt, doch im Grunde ist das, was beispielsweise Du machst, Deine Installationen, Deine Alben, unveröffentlicht und unbekannt. Man weiß, es gibt einen Künstler Kabakov, man hat irgendein fragmentarisches Wissen davon, was er macht, doch eine irgendwie dominierende Position in der Kultur haben Deine Arbeiten nicht. Dasselbe gilt für die Texte Prigovs, die Romane Sorokins, die Arbeiten von Komar & Melamid, die theoretischen Texte dieser Zeit. Ich denke, wir sollten uns nicht betrügen und die Situation nicht besser sehen, als sie ist. Im Grunde ist diese ganze Kultur noch immer unbekannt: Sie wird nicht veröffentlicht, nicht ausgestellt, nicht kommentiert, sie wird vor allem von der russischen Kultur nicht bewußt als normative Etappe ihrer Entwicklung angeeignet, und darum kann sie auch nicht überwunden werden. Die Reaktion der folgenden Generation ist immer Reaktion gegen die Norm, gegen ein bereits gefestigtes, ausgearbeitetes, angeeignetes, kodifiziertes System, das in der Kunst eindeutig dominiert. Diese Position hat die konzeptualistische Situation nicht erreicht. Darum ist das, was die jungen Künstler jetzt beschäftigt, ein Benutzen dieses künstlerischen Systems, weil es sein Potential noch nicht erschöpft hat. Sie nutzen es, weil es noch immer eine Alternative ist, eine noch ungefestigte Tradition.

I. K. Aber nicht nur aus den von Dir genannten Gründen, nämlich ihrem Verborgenbleiben, ihrer Unbekanntheit, ihrer Fragmentarität. Der Grund liegt auch in dieser Kunst selbst, in einer besonderen Eigenschaft dieser Kultur - sie entstand selbst als Reflektion auf etwas anderes. Ihre Dynamik, ihre unaufhörliche Spaltung wie auch ihre Evolution, ist noch heute gegeben. Man kann nicht über etwas reflektieren, was selbst reflexiv ist. Man kann jene progressiven und apologetischen Bilder und Konstruktionen reflektieren, die etwa die Moderne anbot. Doch einen Menschen beurteilen, der selbst urteilt, ist sehr schwer, man kann mit ihm nur in einen Dialog treten, eine Kontroverse beginnen, sich darauf einigen, den derartig eskalierenden Diskurs fortzuführen, ihn aber als geschlossenes System zu definieren, über das wir 'Alles' sagen und einen Punkt machen können, ist unmöglich. Das Interessante am Konzeptualismus ist gerade, daß er, da er urteilend auftritt, selbst kaum beurteilbar ist, denn das Urteilen ist seine immanente und strukturbildende Funktion. In dieser Hinsicht spielte der

Moskauer Konzeptualismus die Rolle der Katze, von der Charms so schön schrieb: Teils läuft sie auf der Straße, teils fliegt sie durch die Luft. Teilweise Kunstwerk, teilweise auch nicht gut durchdacht und reflektiert, errichtet er einen Zaun, der sehr schwer zu überspringen ist. Weiter kommt man nur auf zwei Arten: Indem man a) alles verwirft und sagt, das waren unbegabte Leute, die, anstatt zu zeichnen, beschrieben, wie schwer das Zeichnen ist oder daß sie es vorhaben, ohne diese wohlbekannte Prozedur tatsächlich anzugehen, oder indem man b) eben diesen Diskurs fortführt, aber wie? Unter neuen Bedingungen, in Verbindung mit neuen Bereichen? Aber das Interessante am Konzeptualismus ist ja gerade, daß er alle Bereiche, alle zugänglichen Arten oder Hierarchien der Betrachtung zu integrieren versuchte. Totalität bewies der Konzeptualismus insofern, als die Reflexion alle möglichen Angriffsrichtungen prüfte, d.h. nicht eine einseitig ausgerichtete Form der Kritik von was auch immer, sondern totale Kritik war. Seine heutigen Vertreter - ein Beispiel wäre die 'Medizinische Hermeneutik' - repräsentieren ein total vollendetes System, die totale Reflexion, die den Verstand in eine Situation stellt, in der die Reflexion so vollkommen ist, daß wir nicht mehr verstehen, was hinsichtlich wessen reflektiert. Das ist ein gigantischer pulsierender Ballon von Reflexionen. Ihn in den Griff zu bekommen und diese Sphäre von außen zu erfassen, ist praktisch unmöglich. Darum denke ich, daß die folgende Generation es sehr schwer haben wird.

B. G. Ich möchte dazu zwei Überlegungen äußern, eine, die Dich bestätigt, und eine polemische. Die erste, bestätigende ist vielleicht eine Radikalisierung dessen, was Du sagst. Ich lese sehr oft in der sowjetischen Presse, daß der Moskauer Konzeptualismus und die Soz-Art tot sind. In Wirklichkeit war die Feststellung dessen, daß sie tot sind, ihr Anfang - sie begannen mit dem Bewußtsein, daß sie tot sind. Nichts erfüllt das Herz eines Konzeptualisten so mit Freude, wie die Nachricht, er sei tot. In diesem Moment verspürt er einen unwahrscheinlichen Tätigkeitsdrang. Daß alles, was er tut, schlecht, vollkommen unnütz, tot ist, keinen Sinn hat etc., all diese Momente nimmt er freudig auf und integriert sie, mehr noch, sie stehen am Anfang aller Entwicklung. Die Idee des Endes steht am Anfang dieses gesamten Prozesses. Er beginnt mit der Feststellung eines Endes, und zwar des eigenen Endes. Insofern ist die Nachricht, er sei tot, vollkommen tautologisch, denn sie ist integraler Bestandteil seiner eigenen Struktur und eigentlich von Anfang an vorausgesetzt. Wenn das nicht so wäre, hätte der ganze Prozeß keinen Sinn. Aber ich denke, es gibt trotzdem ein Moment, das darin nicht reflektiert ist. Der Moskauer Konzeptualismus hat sich entwickelt ohne ein Gefühl für seine Grenzen. Er entwickelte sich, wie Du richtig beschreibst, in einer riesigen reflexiven Verkettung, die sich im Grunde unendlich auf- und abspulte: Er breitete sich quasi unendlich aus. Das war die natürliche Reaktion auf die totale Ideologizität des sowjetischen Systems, die die totale Kritik erst ermöglichte. Aber heute liegt Rußland im Bereich der westlichen Zivilisation. Die westliche Zivilisation hat einen 'Haken', nämlich, daß in ihrem Grund keinerlei Ideologie liegt: ihre Basis ist das System der Ware-Geld-Beziehungen. Und wenn man in das System der Warenbeziehungen gerät, beginnt man sehr schnell seine Grenzen zu erkennen. Diese Grenzen sind nicht ideologischer, ästhetischer, kultureller oder sonstwie idealer Art - dann wären sie sehr leicht zu überwinden, und wie man das macht, wissen wir, sie integrieren sich momentan. Es sind Ware-Geld-Grenzen, d.h. es ist das Funktionieren eines Kunstwerks und einer gesamten künstlerischen Praxis als Element des de-ideologisierten neutralen Systems des Tausches, das keiner Beschreibung, keiner Ideologisierung und, in diesem Sinne, keinerlei Kritik unterliegt. Denn jede Kritik ist ebenfalls eine Geste in diesem System, auch sie wird verkauft und hat ihren Preis. Das neutrale Ware-Geld-System des Westens - das ist einfach eine Realität, mit der die russische Kunst noch nicht in all ihrer Härte konfrontiert ist, das steht ihr noch bevor. Und ich denke, wenn die folgende Generation irgendetwas treffen wird, was sie zu einem neuen System von Reaktionen nötigt, dann wird es das sein. Aber soweit ist die russische Kunst noch nicht. Bisher ist sie diesem rigiden System noch nicht ausgesetzt, das ihr eine rigide Reaktion abverlangt. Sie lebt tatsächlich noch im magischen Raum der sich entfaltenden Phantasie, der frei schwebenden Phantasie.

I. K. Auch der Phantasie vom Westen.

B. G. Ja. Und sie ist aus dieser Situation noch nicht herausgetreten. Obwohl ich bestimmte Grenzen schon sehe, ich sehe, wie sie näherrücken. Doch wenn wir

Dekoration 'Der Untergang des Imperiums' auf dem Platz der Erhebung in Leningrad am 7. November 1927
Decoration 'The Fall of the Empire' on the Square of Uprising in Leningrad on November 7th, 1927

Propagandawagen mit Modell des Tatlin-Turms auf dem Uritsky-Platz in Leningrad am 1. Mai 1925
Agit-cart with the model of Tatlin's tower at the Uritsky Square in Leningrad on May 1st, 1925

zum Konzeptualismus zurückkehren, so ist für ihn, wie gesagt, die Feststellung sehr wichtig, daß die Kunst tot, daß Kunst nicht mehr möglich ist - Kunst an sich wie auch die eigene Kunst. In diesem Moment beginnt das Interessanteste. In diesem Moment beginnen die Kommentare, das Gespräch darüber, was denn eigentlich geschehen ist, ein Gespräch, das schon jenseits der Kunst, nach ihrem Tod stattfindet. In gewissem Sinne ist das auch die Feststellung der Unmöglichkeit des Endes. Die Kunst ist tot, und doch nicht zuende, das Ende selbst erweist sich als unbeendbar, das Ende des Endes - es entrückt und entrückt ins Unendliche.

I. K. Ganz genau. Ich kann aus meiner Erfahrung sagen, alles, was man nur macht, alles nimmt im Westen die festen, klaren, endgültigen Grenzen eines Gegenstandes an, eines materiellen Gegenstandes oder eines, über den man sprechen kann, der sich sammeln, ausstellen, verkaufen etc. läßt. Es verliert sich eben jenes Eskapistische, jene Freiheit, die wir in unseren Küchen und Ateliers gewonnen haben, jenes in Leere und Freiheit, in beliebige Richtung Fliegen, das für uns zweifellos eine große Kostbarkeit darstellte und noch darstellt. Eine Installation schien mir in diesem Kontext, ehrlich gesagt, als ziemlich ungreifbare, flüchtige Figur, in der das Quadrat dunkler fauliger Luft, die ich hineinpumpe, sehr schwer zu packen, überhaupt in irgendein Gefäß zu sperren ist etc.

B. G. Warum, das geht durchaus.

I. K. Du hast völlig recht, jetzt spüre ich auch, daß es so ist. Man kann es hinstellen, kaufen, verkaufen etc. Aber die Intention auf die Küchen-Freiheit, auf das Eskapistische oder, wie das hieß, den rollenden Pfannkuchen, sucht immer wieder neue Möglichkeiten, zu entwischen, ihre Unabhängigkeit zu wahren. In welche Richtung erscheint mir Flucht möglich? Ich sehe sie in Richtung auf das Wort und den Text, in der paranoidal-progressiven Menge, Art und Schwerverdaulichkeit dieses Textes. Ich sehe eine Rettung in der Unendlichkeit nicht nur unserer Gespräche, sondern auch unserer schriftlichen Vergewisserungen, Bezugnahmen auf Bezugnahmen, unserer Dialoge und Erklärungen, auch solcher, wie wir sie heute abgeben. Der Gedanke daran, daß sie gefangen sein werden in gutverdaulicher materieller Form, erscheint mir noch wenig wahrscheinlich, weil wir russisch sprechen. Aber daneben spüre ich noch einen anderen Fluchtraum, der auch gut erreichbar sein kann. Der Vorschlag, Texte auszustellen, liegt übrigens in der Luft, ganz gleich, wie man dazu steht, optimistisch oder pessimistisch. Aber ich sehe ein Reservegleis, auf dem ein neuer Waggon stehen kann, wie in dem Lied '... unser Panzerschiff steht auf dem Reservegleis'. Das Reservegleis sehe ich in folgendem: Ich greife wieder auf recht frische Erinnerungen zurück - ich habe die Alhambra besichtigt. Nach Photos und Touristenführern zu urteilen, ist sie ein blühendes Paradies, unglaubliche Meisterwerke der Skulptur, umstanden von Rebstöcken, und um die Rebstöcke fliegen außergewöhnliche Paradiesvögel. Nichts, was diesem Bild nahekäme, ist in Wirklichkeit vorhanden. Das sind absolute Ruinen, nicht so romantische wie in den Bergen des Kaukasus oder in Deutschland, sondern etwas wie die Überreste nach einem Schiffbruch, d.h. sie wird auf absolut keine Weise erhalten, zur Beschämung des kulturell interessierten Teils der spanischen Bevölkerung, sie wird nicht erhalten ungeachtet der Lawine von Touristen, die sie besuchen, alles ist so, wie es nach dem Sieg über die Araber verlassen wurde. Es grenzt an ein Wunder an Stabilität und architektonisch richtigen Balancen, daß das alles noch nicht umgefallen, eingestürzt und Stein für Stein weggeschleppt ist. Ich sage das, weil zum Anschauen, sich Ergötzen und zum Gewinnen irgendeines künstlerischen Eindrucks praktisch nichts übrig ist. Man staunt über die Kunst der Photographen, wie sie es fertigbringen, die Fragmente so zu photographieren. Viele Denkmäler bei uns sind erheblich besser erhalten. Und dabei gilt die Alhambra als eines der Weltwunder, etwas, das unter dem Schutz der ganzen Menschheit steht. Und trotzdem, einige Zeit später wurde mir der viel tiefere Grund für diesen Umstand klar. Ich begriff etwas, das ich jetzt sehr pathetisch die Ephemerität nicht nur des Lebens, sondern auch der Kunst nennen möchte. Und zwar Ephemerität nicht als Schwäche, sondern als Stärke der Kunst. Ihre Nichtmaterialität, ihre Unfixierbarkeit, ihre Unbestimmtheit in den materiellen - hölzernen, steinernen und anderen - Formen kommt der Kunst in gewissem Sinne zugute. Aber das habe ich erst in Spanien gespürt, nicht nur in der Alhambra, sondern auch an anderen Orten. Ich empfand das Ephemere als Grundlage und außerordentlich wesentlichen Teil dessen, was man gewöhnlich Kunst nennt. Meine bekannte und traditionelle Vorstellung von der Kunst als etwas, das man bewahrt in seinem materiellen Ausdruck, ist ins Wanken geraten. Kunst ist offensichtlich, was ideale Form ist. Das Wesen der Kunst begreift man nur, wenn man diese Form selbst empfindet. Und beim Anblick eines Fragments dieses entsprechend ergänzt.

B. G. Das heißt, die Kunst existiert nur in der Phantasie.

I. K. Ja. Ich habe gesehen, daß die Ephemerität ein sehr viel delikateres und wesentlicheres Extrakt der Kunst darstellt, als ihre Existenz in materiellen Formen. Damit will ich sagen, daß es sogar eine besondere Existenzform gibt, eine Kapazität, die sie enthält. So ist das Sprechen über die Kunst ein nicht weniger wesentliches und vielleicht sogar feineres Verstehen dieses Substrats und Hinweis auf dieses Substrat, als das Besitzen und Bewahren irgendwelcher Kunstgegenstände.

B. G. Das ist sicher eine sehr tiefe Intuition. Denn im Prinzip war der Erfolg der Kunst in Europa mit dem Prozeß der Säkularisierung und dem Verlust des Glaubens an die Rettung der Seele verbunden. Anstelle des Göttlichen Gedächtnisses, anstelle der Rettung der Seele in Gott schuf man ein System von Museen und Bibliotheken, d.h. das Gedächtnis wurde gesichert durch ein System von technischen Mitteln, die die Tatsache kompensieren sollten, daß unsere Seele unmöglich von Gott gesehen, von Ihm im Gedächtnis bewahrt werden würde. Es liegt ja auf der Hand, daß, wenn der Bestand einer Sache abhängt von der Aufrechterhaltung der Lufttemperatur u.ä., diese von Beginn an zum Untergang verurteilt ist, weil kein Staat, keine Luftüberwachung diesen garantieren kann. Insofern ist die Erfahrung, daß die Kunst ephemer und der Vernichtung etwa durch einen Atomkrieg unterworfen ist oder auch einfach auf Schritt und Tritt vernichtet wird (die Museen können all diese Kunst gar nicht aufnehmen!), unser tägliches Brot. Und daß Du hierin eine Chance für die Kunst siehst und nicht nur eine Gefahr, scheint mir wirklich ein interessanter Ausweg. Wir kennen Filme über die Alhambra, wir haben Romane über die Alhambra gelesen, und darum ist ihr tatsächliches Aussehen nicht wichtig. Gerade daß sie aussieht, wie sie aussieht, ist ein weiterer Anstoß für unsere

Dekoration 'Rot Front' auf dem Platz 'Die Opfer der Revolution' in Leningrad am 1. Mai 1930
Decoration 'Rot Front' at the Square 'The Revolution's Victims' in Leningrad on May 1st, 1930

Dekoration 'Vom imperialen Krieg zum Volkskrieg' vor dem Kchezinskaya-Palast in Leningrad am 7. November 1927
Decoration 'From imperial to civil war' at the Kchezinskaya-Palace in Leningrad on November 7th, 1927

Phantasie, zu dieser Romanze, zu diesem Roman zurückzukehren. Wenn die Alhambra in einem besseren Zustand wäre, würde das unsere Phantasie gewissermaßen sogar blockieren.

I. K. Er ist ja schon Kommentar, der subtile Gedanke, daß es die Alhambra doch gegeben hat, mehr noch, daß sie in sich eine Schicht hat anwachsen lassen, die sie letztendlich zur Ephemerität verdammte oder vorantrieb. Das ist die Ephemerität a posteriori. Zurück zum Thema des 'Roten Waggons': Damit wir über den 'Roten Waggon' reden können, müssen wir zumindest ein Photo oder wenigstens eine Skizze von ihm haben. Das System a priori, nämlich des Entwurfs, des Grundrisses, einer Ahnung dessen, was gebaut werden wird, im gegebenen Falle ist es der 'Rote Waggon', korrespondiert gut mit dem zweiten Teil, nämlich Erinnerungen, Photographien seiner Überreste etc. Das heißt, wir können sagen, es gibt zwei aktive Zonen des Kunstwerks, die a priori, d.h. die Periode von seinem Entwurf bis zu seiner materiellen Verkörperung, und die a posteriori, d.h. die Zeit, in der es sich mehr oder weniger weitgehend auflöst. Manche fänden es sogar am produktivsten, wenn der 'Rote Waggon' als Fragment erhalten bliebe. Denk an die römischen Ruinen - nichts regte die Künstler, Poeten und Schriftsteller des 18. und 19. Jahrhunderts mehr an, als das Betrachten von Ruinen.

B. G. Sonst kommt es zur Blockierung des historischen Gedächtnisses. Aber vielleicht sollte man, besser als von der Ephemerität, von der Ereignishaftigkeit der Kunst sprechen. Die Kunst ist nicht als Ding zu begreifen, sondern als Ereignis in der Zeit, als Episode.

I. K. Die in der Zeit geschehen muß.

B. G. Ja, und ich denke, das ist ein sehr wichtiges Moment. Die Kunst ist episodenhaft, ereignishaft, sie ist ein Ereignis in der Zeit, und diese ihre Ereignishaftigkeit bedeutet, daß es keine hundertprozentige Erhaltung und hundertprozentige Erinnerung an sie geben kann. Das Faktum, daß sie tot oder verloren ist, ist eine ständige Provokation für unsere Phantasie. Wenn sie sich all die Zeit als Ding erhielte, verlören sich diese provokanten Seiten für uns. Vielleicht würde die 'Mona Lisa' wesentlich stärker wirken, wenn sie gestohlen oder zerstört und nicht wieder unter Bewachung gekommen wäre, wenn sie nicht in einer langweiligen Museumssituation hängen würde, wo man keine Lust hat, in diesen Saal zu gehen, weil da zu viele Leute sind. Eben das Moment der Ereignishaftigkeit und der zeitlichen Distanz, die Dich auf schicksalhafte, unüberwindliche Weise von dieser Ereignishaftigkeit trennt, bildet den Impuls, der Dich zwingt, ständig zu diesem Ereignis zurückzukehren.

I. K. Ja, aber kann man dann nicht sagen, daß dieses Ereignis, wenn es im Gedächtnis bleiben will, mit der Zeit und dem Ort zusammenfallen muß, an dem dieses Ereignis hat geschehen sollen?

B. G. Es muß Ereignis sein.

I. K. Kann man dann nicht sagen, daß die bloße Absicht, ein Denkmal für die Sowjetmacht zu errichten in einer Zeit, als sie zuende geht, schon ein Ereignis darstellt? Denn es geht um den Moment der Vollendung. Ein Denkmal bedeutet - etwas ist tot, hat sich vollendet. Wenn diese Sowjetmacht noch andauern würde oder sie nicht mehr wäre, dann gäbe es faktisch auch keinerlei Ereignis. Du könntest dann sagen, daß schon die bloße Absicht und ihre Äußerung, daß an diesem und jenem Ort der Versuch der Errichtung eines Denkmals unternommen wurde, ausreichend wäre. Es wäre gar nicht nötig, den 'Roten Waggon' überhaupt zu 'installieren'.

B. G. Vielleicht ist es hier wieder umgekehrt, und die Sache ist delikater: Die Sowjetmacht ist tatsächlich tot, weil man ihr ein Denkmal gesetzt hat.

I. K. Ist dann nicht die ganze Soz-Art eine Replik: Papa, schaut Euch Euer Grab an, eine einzige Wonne, darin zu liegen! - das Erkennen des eigenen Endes ...

B. G. Natürlich, in dem Moment, wo sie ihre Form erhalten hat, wo ihr ein Denkmal gesetzt wurde, begriff sie, daß sie zum Ereignis geworden ist und ihr nichts bleibt, als sich zu vollenden, nicht mehr weiter zu leben.

I. K. Das erinnert an das schreckliche Schicksal des Künstlers, der an seiner retrospektiven Ausstellung starb. Aber die Sowjetmacht hat sich keine retrospektiven Ausstellungen gewidmet.
B. G. Nein, und der Künstler macht seine retro-

spektiven Ausstellungen in Wirklichkeit niemals selbst, die macht der Kurator. Der Künstler sagt immer: Ich lebe ja noch. Er steht in einem ständigen Dialog, der für ihn immer schwieriger und schwieriger wird. Doch die Sowjetmacht hat es auch nicht ausgehalten, daß man ihr ein Denkmal setzte, und ist daran gestorben. Mir scheint, Du hattest recht, als Du zu Anfang unserer Diskussion sagtest, der 'Rote Waggon' ist ein Denkmal für ein Denkmal. Das heißt, er ist ein Denkmal für die Soz-Art, die ein Denkmal für die Sowjetmacht war, und in diesem Sinne ist er ein Denkmal für ein Denkmal, quasi die Vollendung der Soz-Art. Man kann den 'Roten Waggon' als Tod der Soz-Art infolge der Errichtung eines Denkmals für sie betrachten. Und unser Gespräch heute ist quasi auch wieder ein Denkmal für ein Denkmal. Für uns, die wir ein vampirisches Leben führen, ist der Tod der Anfang eines interessanten Lebens. Denn die Soz-Art ist eine vampirische Kunst, wie die gesamte zeitgenössische Kunst überhaupt. Sie wird interessant und führt ein volles, fruchtbares Leben erst nach ihrem Tod.

I. K. Doch ich muß zur Soz-Art wie auch zum Denkmal für ein Denkmal sagen, daß sie erdacht wurden, als die Sowjetmacht als Körper noch nicht tot war. Der Körper stirbt, wenn seine Seele ausfliegt. Das Ende der Sowjetmacht war für mich, und auch das Denkmal habe ich mir ausgedacht, als von einem Zusammenbruch der Sowjetunion noch keine Rede war (das war 1985). Aber der Geist der Sowjetmacht begann schon auszufliegen. Darum gab es auch die Soz-Art, die Beschreibung der Existenz eines Körpers ohne Seele. Das empfanden wir alle, wir Künstler, als Tod im mystischen Sinne - nicht im Sinne der Trennung der Ukraine von Rußland oder des Verschwindens der Kommunistischen Partei. Wir triumphierten im Innern und beschrieben den Leichnam, als er noch die Beine bewegte, Wasser trank, ins Kino ging etc.

B. G. Vielleicht ist es auch hier wieder subtiler: Daß Euch dieser Leichnam in Wirklichkeit leid tat, wie er so tot dalag, und tatsächlich, denke ich, haben Du und viele andere ihm ihre Seele verschrieben. Diese Installation ist der Körper der Sowjetmacht, aber belebt von Deiner Seele. Er lebt ein zweites Leben, mit einer neuen Seele. Das ist auch eine Variante des Lebens nach dem Tod.
I. K. In der Kunst gibt es keinen, der ihr nicht verfallen ist. Praktisch war nur das das Leben. Das Entwerfen dieses Denkmals, dieser Bilder - das war das Leben.

B. G. Das war die Wiederbelebung des Leichnams, damit wurde ihm ein zweites Leben gegeben.

I. K. Aber dem Körper, nicht dem Geist.

B. G. Nur so kann man ihm auch ein zweites Leben geben, weil seine Seele schon endgültig tot war.

Ilya Kabakov, Zimmer des in den Kosmos Geflogenen, 1985
Ilya Kabakov, Room of the man who had flown into space, 1985

The Red Wagon
A Conversation between Boris Groys and Ilya Kabakov

B. G. Ilya, we learned with interest that your 'Red Wagon' - an installation which was created for the Dusseldorf exhibit - which was supposed to be shown in Israel and in Moscow, didn't go anywhere, neither to Israel nor to Moscow. This, incidentally, is only natural. When I saw the 'Red Wagon' for the first time, the first thing that struck me visually was its shed-like quality, its very great stability and the spontaneous belief of the viewer that it could never move from its place, it could never go anywhere. It will always be restrained by all of this – that grandiose entrance into it and the garbage pile behind it. You get the impression that it has stood here for thousands of years and that it would be impossible to move it to another space. This, apparently, is part of the idea?

I. K. Here the ancient history of an artist is affirmed, that he, not knowing it himself, has drawn an apple. It turns out that what was apparently embedded from the beginning now reveals itself. That is, I am learning with pleasure and with a certain sense of guilt that this immobile nature of the train-car was embedded, it turns out, in the very idea. What was especially attractive in the construction of this train-car was that there are no wheels. Of course, this is done metaphorically, with the goal of illustrating that our train-car does not 'fly forward, next stop – Commune' (ie. Communism. These are words to a revolutionary song. – trans.) but it is the stop at that moment when it was conceived as a train-car. Its 'wheellessness' is not because it has lost its wheels along the way, but it was built without wheels from the beginning. It was conceived as a fake train-car. And as such, as the foundation of the idea, it has thus manifested itself, i.e. any attempts to move it (to Israel, and now to Moscow) could not be crowned with success. That means that we are talking about a profound realized idea which the train-car itself knew better than its author.

B. G. Perhaps this is part of an unrealized idea, because the structure of your work is usually such: some object is arranged, some thing is made, the meaning of which is not so immediately clear to the visitor, and then an enormous quantity of commentaries on the subject are proposed. There was no such quantity of commentaries for the 'Red Wagon'. There was just an enormous train-car, and I looked for the pages with commentaries but they weren't there. It turned out that life nonetheless has forced you to comment – at first these pages appeared in Israel, now in Moscow. It's as though the work is being completed along the course of that train-car. A movement interpretation is occurring which substitutes for the movement of the train-car.

I. K. Yes, that's true. In the recent past this is the only work which is deprived of any text. And the work is avenging itself. Really, at the time that this work was constructed, there was nothing to say about it because it was intended to effect a physiological perception, i.e. a person looked at the train-car in surprise, then music resounded, the music became louder and louder as the visitor moved toward the back part of the train-car, and then he crawled out through the back passageway where he found himself surrounded like a sleepwalker by meditative recollections of the past, sounds of music of the 1930's poured over him, and, as we know, no one was able to get up from the benches – as evidenced by the visitors. There couldn't be talk about any sort of reflection, about a distancing from the artistic object. That is, externally we saw something distorted and ridiculous, but winding up inside, we saw something warm and tender. And in this sense the train-car destroyed my customary desire to look at things from the side, or in general to push farther away any serious experience, any profound thing, about which there is nothing to say. The time which exists in the train-car is moving backwards, i.e. the train-car in the present time turns us toward our memories of childhood via its active part - the listening to music of the past. In this sense the train-car really did move - it went backward. We begin to think that in essence Soviet power wasn't so bad if there were such tender flavorful songs there. 'Everything that is dear will pass, and all that has passed has become dear.' The thing itself – the train-car – has moved away into the past. At any moment it always seemed present, but everyone who wound up inside found themselves to be in the past. Therefore, commentary, which always pushes a thing into the past, was very much needed.

Moskau, Spasskij-Turm/Moscow, Spasskij-Tower

A. Rodchenko, Ausstellung sowjetischer Graphik und Architektur im Grand Palais, Paris 1925
A. Rodchenko, display of Soviet graphic and architectural work at the Grand Palais, Paris 1925

And now, thanks to our conversation, we are getting that past. What, strictly speaking, can we speak about if not about the past?

B. G. History itself has created this additional move. In a short commentary on your work you described this train-car as a visualization, a demonstration of the three stages of development of Soviet history. And when this work was being done, Soviet history still existed there. And the exhibit itself was a representative exhibit of Soviet art. And in this way, in an obvious sense we were still located within the field of this train-car. Naturally, it was impossible to comment on it from the outside. But as long as the train-car stood in place, everything else moved a bit. And it moved exactly so far as to create a zone for commentary, i.e. in general Soviet power had come to an end and the time after had begun – and that, strictly speaking, is namely the time of commentary, which is what we are doing. That is, it is entirely natural that the train-car is standig still as in the past, but its movement continues as movement-interpretation and movement-discussion.

I. K. Isn't it interesting to note here the interpretation of the concept of monument which lies at the base of the idea behind this train-car. After all, the train-car was originally conceived of not as today's train-car of the Soviet regime, but precisely as a monument to the Soviet regime, i.e. it was conceived with a funeral element, and when a person looks at this element he will think: ok, there were such times ... Sort of like Lenin's mausoleum or Spassky Tower: 'Imagine that. Such and such occurred there, people walked around there ...' That is, it was conceived of as an imitation of a monument. Now it is especially clear that this was an imitation and not a monument itself. It was sort of like a recollection. The train-car itself already had the quality of something which was absent, of something that in no way could remain for centuries. It is curious that from the very beginning the stimulation for the monument was an idea, and not a monument at all. Everything was fake when I was making it. The stairs were fake. Fake not only in the sense that it was a paraphrase of Tatlin's tower. But in the sense that it was useless rubbish that would never remain. This forgery was supposed to remain like a forged model of Tatlin's monument. As is well known, Tatlin's monument never existed, it couldn't be built. The memory of it is all that remained. Here, in this case, the idea was to leave a memory of a memory. It turns out, it was even impossible to construct a serious monument regarding the Soviet regime. And the fact that this monument doesn't go anywhere as a monument but continues to exist only as words and discussions of this nonsense, speaks to the fact that this monument dissolves more and more in a certain ephemeral space of half-sleep-half-reality. Really, did this train-car ever exist at all?!

B. G. That applies most of all to the Soviet regime itself. Because the Soviet regime by itself is a certain ideologeme, a certain dream. We lived in an ordinary nation, in everyday life. For the most part we lived a life similar to the life lived by people in all other places. People go to work, earn money, they go to the store, buy or get something. That is, we did what all people everywhere have always done and will always do. But for some reason this was called the Soviet regime, some sort of unique episode in human history not comparable to anything. And furthermore, people believed in this. And not only, let's say, Communists believed, but people who didn'd share the ideal of Communism or had struggled with it also believed. As well as those who simply lived. They believed just the same that this was unique, independent of how they regarded all this. Now this has disappeared as though it had never existed ... It's like the fall of Icarus in Bruegel's painting ... Icarus fell but no one noticed. And here no one noticed because, it turns out, everything has remained just as it was. As life was, so it goes. Where was that place where the Soviet regime existed? What was it? Only in your train-car ...

I. K. Yes, but it existed in its most bloodthirsty and real form. People were killed, life was terrifying – it was virtually death ... It is what mowed down, it is Kafka's machine which killed, cut ... But as that reality which you are speaking about – it really does exist in memory only, as ideology. After the revolution had taken place, people still remembered – not one, but two or three generations - that there had been some sort of absolute, real life. It is curious that after the end of pre-revolutionary Russia its reality not only didn't disappear with the Bolshevik coup, but quite the contrary, it continued to exist as a more and more capacious, weighty and actual thing. Only the

V. Tatlin vor seinem Modell des Denkmals für die III. Internationale in Petersburg, November 1920
V. Tatlin with the model of the Monument to the Third International in Petrograd, November 1920

M. A. Jeremichev, Szenenmodell für das Revolutionsstück 'Der 10. Jahrestag des Oktobers', 1927
M. A. Jeremichev, stage model for the revolution-piece '10 Years of October', 1927

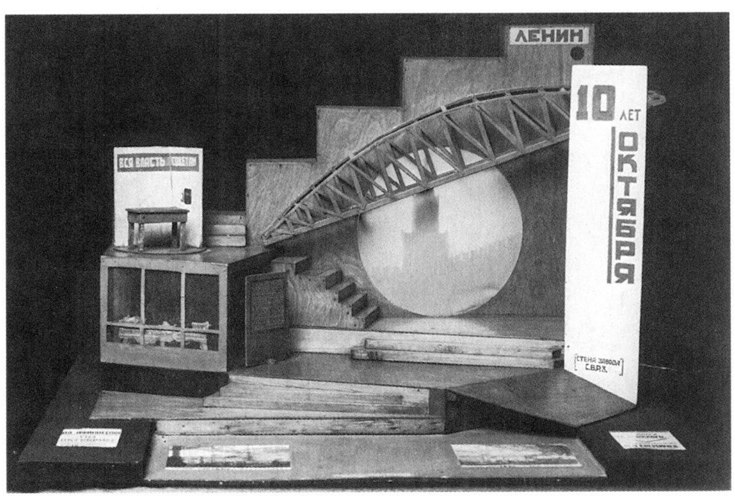

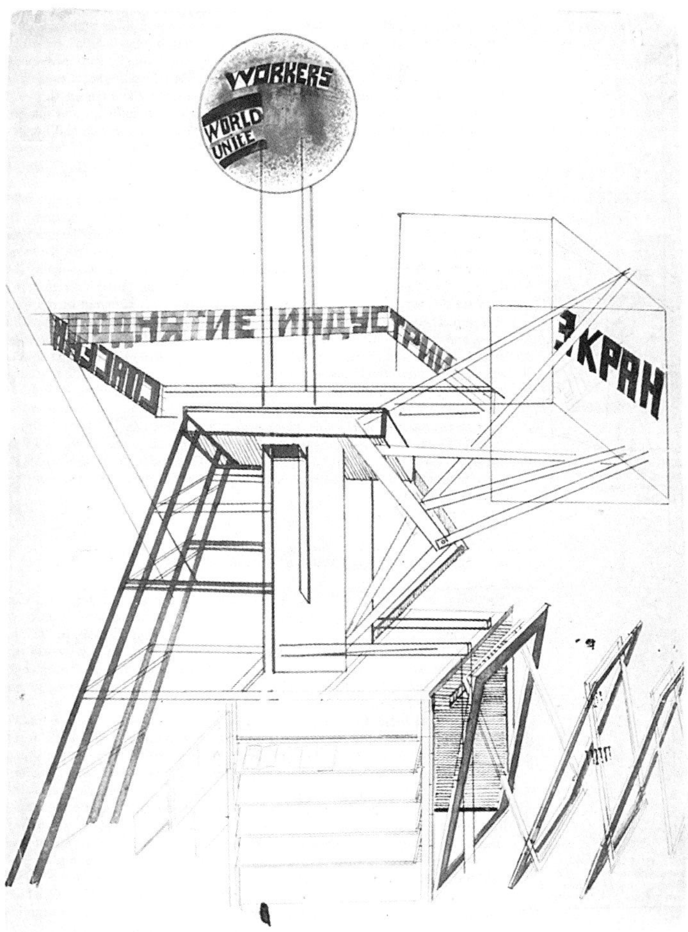

G. Kluzis, Entwurf für Propagandastand, Plakatwand und Lautsprecherplattform, 1922
G. Kluzis, design for propaganda stand, screen and loudspeaker platform, 1922

A. Vesnin, stage model for 'The Man who has been Thursday', 1923

years of slaughter, destruction, trampling finally caused the memory of that reality to subside. At the same time after the end of the Soviet regime the feeling arose that nothing remained except for smoke and hovering fragments of something that no one could name. No one remembers the Soviet regime. And this is not because it is something negative. No one can remember it as a reality, remember the material from which it was made.

B. G. You're right. The Soviet regime didn't belong to the realm of life – that's why it is impossible to remember it – but to the realm of death. The Soviet regime was an explanation for why people die. There exists a classical explanation for why man died: because God giveth, God taketh away, i.e. religion, that which belongs to the realm of death explains death. And during the Soviet regime the Bolsheviks killed, the Soviet regime pushed man to the limit, and therefore man died. In the West man doesn't know why he dies. It is always perceived as a very sad and entirely inexplicable event. This senselessness of death defines the very zone of existence of a Western person: he doesn't have an explanation for why he dies. There was an explanation for why Soviet people die. And perhaps this is the only thing that has remained. But that belongs to the realm of the absence of life, whereas the realm of the presence of that life is incomprehensible.

I. K. The idea was – you remember you and I discussed the creation of this monument along with Jurgen Harten – precisely in the sensation of the rapidly evaporating substance of Soviet life: that it must be recorded namely today, since the material is so light that it is about to disappear. But once I had begun to prepare this thing, it began to be ephemeral before my eyes, almost a paper construction in the spirit of the tale of the three pigs: one pig built his house out of paper, the second out of pebbles, and the third out of rocks. And so, as far as this monument is concerned, I built it out of paper, out of ephemeral materials which turned out to be incapable of travelling to Israel, and of course, incapable of travelling to Moscow – in general it does not yield itself to being transported. Although a monument by definition is something entirely suggestive, compact, what remains after the evaporation of light ores.

B. G. But now monuments which were real, heavy – it was even difficult to destroy them – all of them are also collapsing, disappearing. And your monument was made in a vision of this destruction; it became so refined from within that it was no trouble at all to destroy it. It turned out that simple act of transportation was enough.

I. K. The culture of monuments is connected with the fact that memory arises when looking at it. A monument is, in essence, a phenomenon that is sufficiently material ... A monument to the plague or to other more easily evaporating objects, is executed in bronze. Monuments to the Soviet regime don't want to become something clear in form at all – something which could be touched and which could be defined as some sort of structure. Instead, won't these monuments remain in the form of text, in the form of speech, in the form of something that describes suffering, and not something material, constructive, structural?!

B. G. The Soviet regime in general is not very esthetically distinctive. And it is not in vain that you, and Komar and Melamid, and Bulatov, and perhaps others as well, were concerned with the problem of compensating for this lack of esthetic distinctiveness. If we take Egypt or Babylon or French Absolutism in its various stages, then we will see that all of these cultures, which were also not particularly democratic or liberal, left specific definite styles, they were very plastic and clearly expressed themselves in culture. So far as the Soviet Regime is concerned, it was unable to do this and I would say that it didn't even set this as a goal for itself. It created an indistinguishable zone of culture in general or of artistic production in general. And it is not accidental that in its time Sots-art took upon itself a compensatory function: it attempted to do for the Soviet regime that work which it had not done itself, i.e. it attempted to give it an esthetic form.

I. K. Wonderful. But I am certain that this attempt was just as unsuccessful as the Soviet regime itself. Any well articulated culture strives toward those forms which could be identified as permanent, stable, intended for eternity. Egypt expresses itself through the pyramid, Greece through the columns and architrave, etc. It is curios that the Soviet regime not only

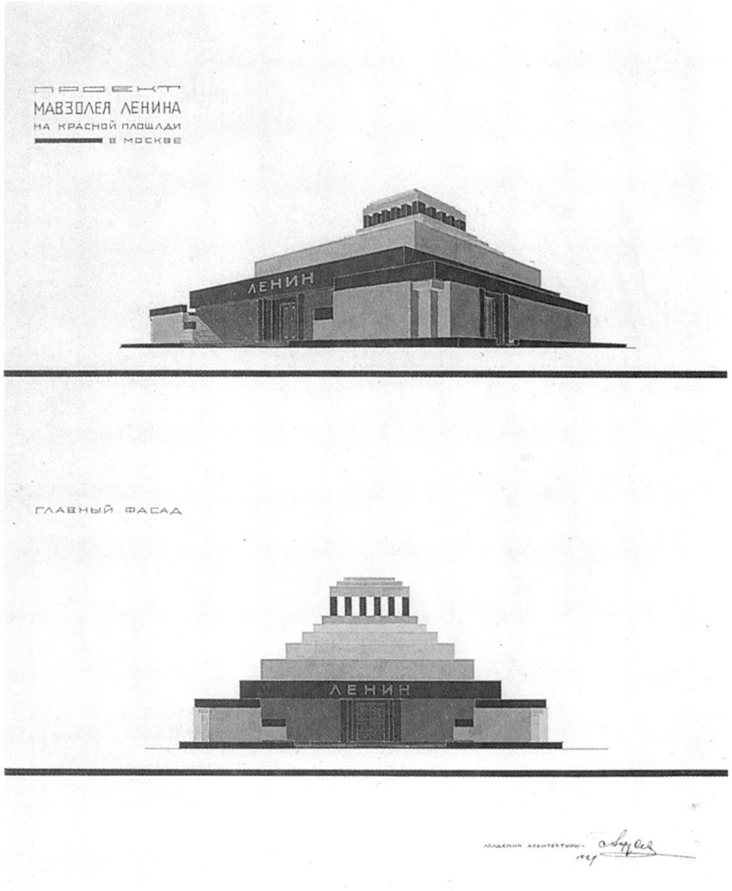

A. V. Shchusev, design for the Lenin-Mausoleum, 1929
S. Vachtangov, Stage Model for the Drama 'The Steam Bath', 1929

didn't search for similar stable, stationary forms, but its esthetic goals in which the internal images and ideas of the Soviet regime were actually manifested, were like the famous story by Andersen about the fast boots – the man put on the boots and jumped over the place which he had wanted to reach. That is, the permanent feeling of overjumping and jumping past one's goal has a place here. Actually, the fundamental image of Soviet life is of that ill-starred 'reach and overcome' which signifies the idea of speed, flight, passing anything at all, and most of all, of course, passing oneself. This is the endless overcoming of today's moment. Despite the fact that the Soviet regime was sort of considered to be unwavering and posited for centuries, the central image for it, nevertheless, is the continual fleeing from that place where you are now located. I am saying nothing here about Communism, which like a clump of hay was hanging in front of the mule – the mule could never grab it. But the very idea itself that it's not today, but tomorrow, that today is sort of a dump and something accidental ... The main idea is the idea of an arrow, of the endless movement from yesterday into the future. In this sense the train-car is precisely the ideal image, since it is and it isn't. What, in essence, is a train-car? A train-car is a means of transportation which we enter specifically to go somewhere. A train-car is that place in which we happily travel. And a trip, and the theme of a trip, decisive for all forms – both literary and graphic ('we're going, going, going, to far off places ...') – is in this sence an anti-monument, because what kind of monument can it be if it moves and at the same time it doesn't move from it's place. The eternal trip ...

B. G. It is perpetually in motion and therefore it stands in place. It seems to me that here is yet another very important reason why the Soviets didn't create their own civilization. The thing is that any civilization gives itself some sort of form delimiting itself from the barbarity surrounding it. Soviet civilization had a total, universal task: it wanted to seize everything. And this desire deprived it of the possibility of creating some sort of specific form inside the general system of world culture. Lenin said: we must take all the best that has been created by the bourgeoisie and adapt it to ourselves, we must instil in ourselves all national cultures, etc. That is, the total task of the Soviet regime was to seize everything. And this led to its complete indistinguishability and to its non-existence. Because as a consequence of the totality of its thinking it couldn't sacrifice anything, couldn't say the following about anything: no I don't want that, I want to separate myself from that, I want to juxtapose that to myself. As a result, it didn't give itself form, it didn't distinguish itself from anything. In this sense the attempt of Sots-art to give esthetic form was a critical attempt. It was an attempt to ask itself the question: what is going on in this distant part of the planet, on this specific territory, in this specific civilization? And at that moment when Soviet civilization began to assimilate itself as a particular specific cultural form, it fell apart, it disintegrated. It turns out that it could exist only as a universal project. At that moment when it received its own boundaries, it collapsed. This in general, incidentally, is inherent to an empire. An empire exists only when it is expanding, aimed toward the swallowing up of everything. It disintegrates from within as soon as it gets its boundaries. It cannot withstand its own forms, it cannot exist any longer. It is formless by idea.

I. K. Yes, but nonetheless the main thing is movement ... What is usually called stagnation ... The time of stagnation. ... The sensation that everything had stopped was horrible. But that sensation of stoppage was connected with another sensation, that everything had moved in its own schizophrenic division (that is, the appearance of unofficial art and a second culture); this was also movement, movement inside that system but in the direction of other shores.

B. G. Reflection! At that moment when expansion stopped, reflection began, what began was an understanding of that culture as a particular form, as a particular thing among other things. And everything ended.

I. K. As soon as the thing became material, the knowledge which began to describe it emerged around it. It is curious that reflection moved also along a path that was rather plane-like, and more precisely in the shape of an arc, an enumeration of all that there was in the empire. Here we have the same kind of firmly stabilizing factor. If we take Dima's texts, they move according to the principle of the epos, a description of all aspects and all corners of the unencompassable Soviet soul.

B. G. In principle it is a description of everything. It is the painting of Russian art which succeeds the painting of the Russian empire. Everything and nothing. It doesn't describe anything in detail or in particular. Any Russian text is a text about everything. Any Russian work is a work about everything. It reproduces the structure of the Russian imperial consciousness which is a consciousness about everything, because Communism concerns everything ... All of humanity on a world-wide scale.

I. K. In general this is the problematic of the gnosiological search consisting of the need to know everything once and for all. It is the impossibility of rejecting aspirations toward completeness.

B. G. And to inventory everything.

I. K. There is a very simple answer to the question: why do you want to inventory everything? It's because such is the task of all of this. It is a tautological act. You are fulfilling the function not of a researcher, but of a person who is under pressure. That is, on another level you are repeating the same situation.

B. G. But nevertheless I would like to return to your train-car. We are now discussing your work proceeding from a certain premise that this work describes the Soviet regime, its utopian dreams, its stagnation? But is that the case? You could describe your train-car as a metaphor for any human life, which begins with great hopes, then passes in some sort of erotic enchantment, because these songs which are heard in the train-car are erotic, and then ends with a kick in the rear-end, an expulsion into the dump. Or you could describe your train-car as a metaphor for an artistic work of art which begins with a sketch, then a painting is created which is looked at for a long time with an enchanted view, then all the garbage that is left over is thrown out. That is, your train-car has a lot of interpretations, and I would say that the Soviet regime, its history, is only one interpretation. Enchantment, realization and frustration relate to the Soviet regime and they relate to whatever you please.

I. K. Of course. Another idea which was conceived was the idea of the bridge. Chronological paintings – so called bridges – are all built according to a certain

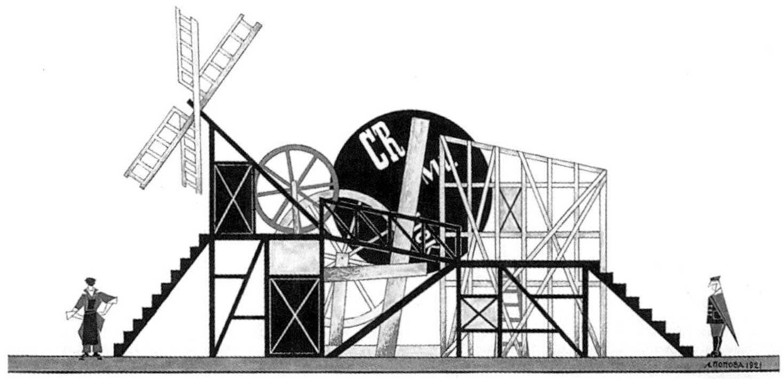

L. Popova, Szenenentwurf für die Posse 'Der großmütige Hahnrei', 1921
L. Popova, stage design for the farce 'The Magnanimous Cuckold', 1921

El Lissitzky, Die Lenintribüne, 1920 - 1924, Zeichnung
El Lissitzky, V. I. Lenin's Tribune, 1920 - 1924, Drawing

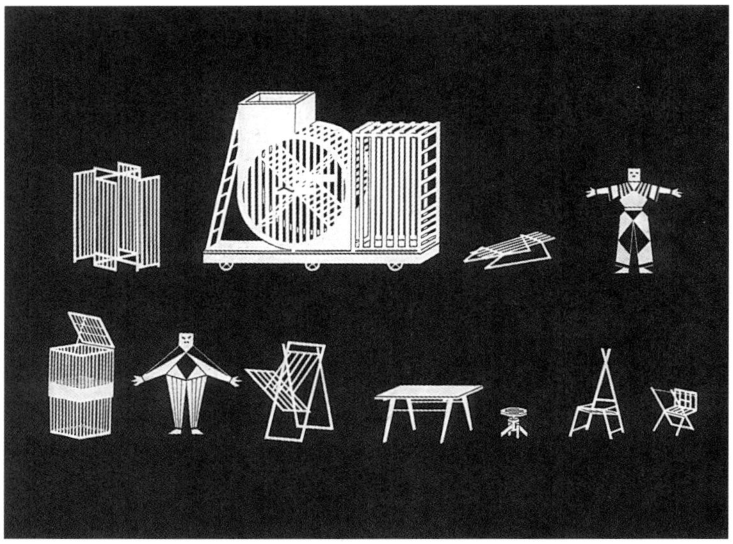

V. Stepanova, Spielrequisiten und Kostümentwürfe für die Komödie 'Der Tod des Tarelkin'
V. Stepanova, Pieces of Equipment and Costume Designs for the Comedy 'Tarelkin's Death'
El Lissitzky, Tatlin bei der Arbeit am Denkmal der III. International, 1922, Collage
El Lissitzky, Tatlin working on the Monument to the Third International, 1922, Collage

medieval schema: a baby is born, then it walks upward toward the top of the bridge. Middle age is the middle of the bridge, while farther on he tranquilly moves in the direction of the grave. Recently my granddaughter and I looked at such a 'flugblatt' at Dina Vierny's and my granddaughter asked: "Grandfather, show me, where are you?" I pointed to where the person is approaching the middle of the incline. "And I am here", said my granddaughter, indicating the very beginning. There is also an old Jewish folk song which depicts the course of life like a trip to the fair and a return from it. The bridge of life is a bridge to hope. It was posited, superimposed on Soviet history: and namely, youth, the beginning of life, is always a movement toward the sky. The middle of life, life itself is a long box, a long tube, filled with all sorts of stuff but fairly monotonous and dark. And the end is like open gates and it's not clear where the opening leads.

B. G. It's the same with a painting, i.e. the creation of an artistic work of art and the frustration following it or whatever remains after it. That is your theme in general – taking inventory of all that remains after the artistic act or of that which is not noted by it. This theme occurs a lot in all of your works.

I. K. Of course, one of the problems that has concerned me for a long time is the place of the installation in relation to the painting and vice versa. I know a lot of radical opinions on this score, in particular that of Beuys, who in his distant youth revealed the inflation and lack of prospects for the painting industry and took an abrupt step, having said that it had died and that it was time to take up something else. Such a radical solution was not acceptable to me, since I was interested in just what was the place of a painting that had far from died and that had no intentions of doing so in the near future, what place could it occupy in the approaching stage. For me the place of the painting in the installation is similar to the place of parents and children in a common apartment: the parents are not thrown out, they are left in peace in their room being asked not to interfere in matters that don't concern them, but the children drink tea with them, and give them what they deserve ... In this case the painting acts not as the main thing, but as something that is entirely respected and which generates sufficiently serious attention toward itself.

B. G. I would like to suggest yet another interpretation of the train-car and to discuss it with you, since it seems to me very topical. It is that train-car in which you left the Soviet Union and in which Soviet art in general – unofficial art, Soviet Conceptualism – left for the West with great expectations. And here we have the same situation: there are great expectations in the beginning, Soviet substance in the middle, and waste products from it in the end. And this train-car with all of its Soviet artistic property stands in a Western space, characteristically without wheels, and doesn't go anywhere. It doesn't go backward either, which is very important. It is art which has left, having docked in a Western museum space, and there it stands. How do you feel as an inhabitant of this temporary dwelling, of this train-car? Why doesn't it go backward or go to any other place? What is happening with it?

I. K. I, as an artist, must speak in images. The best answer would be my memories of evacuation, when in the region of the Northern Caucasus there really were such settlements near freight stations, in general near train stations which consisted of old train-cars, even passenger cars, first-class cars, which were in fact rather interesting architectural structures – multi-roomed, even communal apartments. The broken down back and front doors, the rigged up steps which were very nicely painted and on which flowers stood ... There were small plots in front of them where cucumbers and tomatoes grew. The car was painted in a few different colors, as many colors as there were number of residents ...There were attempts to give the cars a residential appearance, people settled there for a long time. But at the same time, life was extraordinarily transitory because the fate of these car dwellers and the docked trains was entirely unknown. They were simply standing still, and the attitude of the station authorities toward them was entirely unclear. If you consider that these cars were for work, i.e. people arrived temporarily and after the completion of construction or restoration jobs would abandon these rails, then as such they could be tolerated along with the enormous quantity of children, the noise and uproar, as could the women cooking soup in cauldrons. But if you assume that they had settled there for good, then this invoked a strange feeling: if you have decided to settle here permanently, then why don't you move into houses

V. Tatlin, Entwurf für einen Straßenkiosk, 1924
V. Tatlin, design for a street kiosk, 1924

N. Kolli, Skizze für die Architekturkonstruktion 'Der Rote Keil', 1918
N. Kolli, Design of the Architectural Construction 'The Red Wedge', 1918

instead of maintaining a car-like existence? The bivouac state is fine in the event of a military campaign with the goal of seizing territory and in general in the event of something potentially victorious. But a bivouac is strange as a residential unit. During Italian neo-realism there were enormous plywood structures which were constructed all over cities ... Obviously they were for poor people, but there weren't any settlements of newcomers there ... I would say that I sense something similar in our fate – an entirely transport-like state. We arrived to build something, to show something, to dance, to demonstrate. On the other hand, all of this is standing on the tracks – not in it's appropriate place, and furthermore, it's not clear how long this business trip of ours will last.

B. G. By the way, the Western art world which we are a part of is very transport-like itself, it lives in the movements from place to place. In general contemporary culture is a transport culture, i.e. you are always circulating, moving. This is the main function of an artist and intellectual here, it is a homeless type of existence on wheels. Could it be said that this is a second homeland – the transportation network ...

I. K. What remains is for that transport mobility to function well. So that you would know where you were going if only in two months time. Here what is important is precisely that uninterrupted dynamic and the continual sensation that you are like an artist on tour, a circus performer, or a troupe of boxers, you know exactly the places of your yearly cycle. If you have a guarantee of movement for the upcoming year or year and a half, then you will be freed from the anxiety that you are continually living in a city on wheels. You remove that very ambiguity with movement from place to place.

B. G. The idea of returning home from this trip to where you came from - it could be Moscow, Rio de Jeneiro, or various other places – that idea, so far as I can tell by my friends, also Germans, doesn't enter anybody's head. They move from place to place and that movement doesn't include the concept of returning to a specific place and staying there, because they have all become integrated into that flow which constitutes their life. I don't think about the possibility of returning to Moscow, even though it would be good to take a trip there, even for a long time. You get the feeling that it's not so necessary to return to Moscow from this trip, but rather you would like Moscow to join this rail network, so that it would be as natural to make a trip to Moscow as it is, let's say, to Reykjavik or Los Angeles. Do you have such a feeling?

I. K. Right now I don't have a circular, cyclical direction like that of a toy railway which is built at stations for the amusement of children, which adults view from above, and not from below like a child who doesn't suspect that this is a circular motion. I don't have that feeling yet. I have the feeling that my movement is directed straight ahead. Despite the fact that I now make a lot of zig-zag movements in connection with exhibits, I have the feeling that each next exhibit takes shape as a uniflow movement, i.e. for me, if I recall mountain climbing, each exhibit is not movement around a mountain, but rather an ascent.

B. G. But don't you imagine in which direction this is moving? You have the sense of an ascent, but don't you see the top?

I. K. No, I don't see it. Perhaps it's because each segment of that ascent represents a rather panicky and hysterical situation. It's as though all exhibits which I've attended inevitably move me closer to a catastrophe: I will be revealed in my lack of talent, insignificance, when it will become ultimately clear what so far had not been clear – this is complete crap. That is, I regard each subsequent exhibit with the fear of an agitated state. We are now sitting in Cologne, in a few days there will be an exhibit here, before this there was a really important exhibit at MOMA in New York. Nevertheless, there is still greater panic before Cologne than there was before the New York exhibit. This illustrates the fact that for me straight movement today represents very active anxiety.

B. G. Yes, but that could be understood to have a double meaning. Is this for you movement toward some sort of recognition so that your art would feel ground beneath its feet? Or are we talking about what you yourself want – is your personal project undergoing some sort of changes? Because these are two different things. One is movement in the sense of acquiring cultural ground, the other is a transformation of your artistic task itself?

I. K. I could describe it in the following way: once again this is a return to the theme of the 'Red Wagon'. The basis of the 'Red Wagon' is its exterior and interior sides. It is a rather rare instance when the viewer can see both the external side of an installation and the internal side and realize their ambivalence, their difference. In a certain way, when I make an installation, we are talking about the exhibition of some sort of themes, objects, situations, etc. and more likely about the demonstration of an entire block of Russian life. Encountering installations which are made in the West, I was astounded by the fact that almost all of them consist of objects which are in one way or another organized in more or less large dwellings. Of course, they are reacting to the size of them, the length, etc. The idea of transforming, reworking, changing the dwelling – I have seen very few such examples. Not excluding those dwellings which are intentionally dark, frightening in order to create an optical effect, to scare, etc. I haven't encountered an attempt to create another space as such, with that as a goal. When I began to make my installations in the West, the first thing that was necessary was to show not those objects which were close to me, but primarily to create that three-dimensional polygon-field, which once having entered, the viewer could correctly recognize and interpret, from my point of view, what was shown to him there, i.e. I exported, in essence, a cube of Soviet air. The creation of these cubes of different size was in fact the original goal of the installation, in order to then arrange whatever you please there. That, in essence, was the only task. As it seemed to me, if that cube was created, then everything else was easy for me. The goal of the trip which continues to this day, was to bring this cube of Soviet air with me to all the places, no matter where I wound up.

B. G. Soviet or your own?

I. K. That's a big question. Of course, I never perceived Soviet as 'it' – Soviet. I knew that I myself was Soviet. Soviet was mine. The dilemma of 'I' or 'Soviet' didn't exist for me. It's another matter that Soviet can always be perceived with the 'negative' sign.

P. Brueghel, Landschaft mit Ikarussturz, Detail
P. Brueghel, Landscape with falling Ikaros, Detail

P. Brueghel, Landschaft mit Ikarussturz, Detail
P. Brueghel, Landscape with falling Ikaros, Detail

It's as though it is non-existence, morally ugly - with an enormous 'no' sign. But it is entirely possible that there was such a feeling toward oneself as well. Why do we have to show ourselves as beautiful, whole, moral, pure, etc.? Of course, morality demands that it be said: the Soviet regime is bad, but I, despite it, have remained pure, spiritual. We are moving here toward an important, central problem ...

B. G. It seems to me that your attitude toward Soviet things is not critical-revelatory. Your attitude is to show the esthetics of that situation, to show it as an actual realm of esthetic experience. There is no negative-evaluative aspect here whatsoever.

I. K. Of course. In this case you perceive yourself as an object of objectivization, an object of reflection. That's why the conversation about whether I wanted to construct a similar installation in Russia now – in this case to show the 'Red Wagon' – encounters the situation that I should show what I have already shown. It is curious that during the existence of the Soviet regime and of unofficial art, the portrayal of Soviet life, as I wanted and as my friends wanted, acted in a certain sense as a signal against a specific background. That is, official Soviet reality didn't know such a portrayal: such daring blows, revelations, spit. You remember I did the 'Room of the man who had flown into Space'? Everything was covered over with posters. You know, I displayed it only when, let's say, you came over, and then I quickly rolled everything up, and shaking from fear, carried it off to various corners. In its assembled state it could have had such a fatal effect on any commission that might come by. But today, when that signal and its background no longer exist, when there is no difference in the degree of exposure, when everything has been exposed – and to a much greater extent in the press – such a work cannot resound sufficiently effectively. These installations can be read in their esthetic qualities only because they appear in contrast to that culture in which they are being exhibited.

B. G. Do you have in mind now Western culture?

I. K. Yes, they are perceived as a specific signal, esthetic and plastic ... In particular, the atmosphere of darkness which I create is perceived as something contrastive, new (I don't mean to say new in an artistic sense), as some sort of sign against the background of other signs. I don't have the feeling that this would be an artistic phenomenon if it were to be shown at home.

B. G. It seems to me that's true. It would be perceived precisely as a contrast to that act of exposure.

I. K. Here conservation is important.

B. G. Yes, esthetic preservation and esthetic justification.

I. K. I think that will come later. Today's monument to the Soviet regime – one like the 'Red Wagon', if you consider it to actually be a monument – floats through time despite the fact that it doesn't have wheels. Today it has floated into such a tunnel which has still not become sufficiently past that we can judge it esthetically and interpret it as a reaction to the phenomenon of constructivism or the first years of the Soviet regime. But it is already not close enough to today's situation to perceive it as a real reflection on today. It is not yet a grandfather, but it is already not a schoolmate. It is located in that zone which is casting off, or rather, is not perceived. From my point of view, it is impossible to look at it now.

B. G. It is very difficult to respond to that in sociological terms. When I see this work and works like it, I get the impression that they already possess enormous potentiality, moral potentiality if you wish. The thing is, that now what is spreading – and this is natural – is the opinion that all of these decades are lost time, as though it never was. But after all there is a generation of people who were born during that time, who lived in that time and who died in that time. That is, their natural place in history, in life is that place. To say that that place is empty, that there was nothing in that place – that means to cross out morally the lives of millions of people from history. That means to say that they have no place in history, there is no justification for them, that their life was meaningless, that it had no context. This is for me, for example, a completely unacceptable position. These people lived their natural life, given to them by God, and they lived it just like all other people, in their own esthetics, in their own dreams, in their own problems. And these problems and the esthetics of these dreaming for me are no better or worse in any way than any others. And therefore your works which reveal this esthetics – the profound connectedness with the fate of a particular person and with his dream, with his unique fate – countervail that senseless, purely political and ideological expunging of an entire generation, an entire history, an entire cultural phenomenon from the historical ranks. This is in the first place historically and culturally wrong, and in the second place, morally wrong. I personally feel a strong protest against that.

I. K. I agree with you, of course. Today I am able to read magazines in Moscow about the new artistic fracture, about the new artistic shift which consists of the fact that so-called Conceptualism, that very ill-starred Sots-art, has finally happily come to an end, it can be considered bad art, even an evil, on the basis of its organizational structure. You know the opinion that what is being spoken about is some sort of premeditated villains who have woven the finest net into which many have fallen and which could be so deftly and finely constructed that the ostracism to which they subjected everything else that was alive around them appeared to be entirely innocent, as though that wasn't their goal at all. But now, fortunately, everything has turned out to be exposed. Nothing can be concealed completely. Now it is clear to everyone that it was a well organized group of people who had firmly agreed on everything, most of all regarding those who weren't part of their group. Which, of course, was a tragedy, a catastrophe for one's friends of that same generation, but no less of a catastrophe for all that was growing, young, vital, talented. This was so well organized that it destroyed all the best strengths and growths from a great distance. Over the course of two or even more decades all that could be considered a hint at competition was trampled and cut down. The triumph of this criminal band has now finally been exposed. Not only did the criminal content of this activity become clear, but so did its insignificant esthetic content. That is, these decades are revealed as dry, barren, infinitely gray and emaciated stages of our artistic life. It would have been good if they were celebrating victory by right, if they occupied that space by right, but the result, if we look at these years, is so depressing and mournful that what

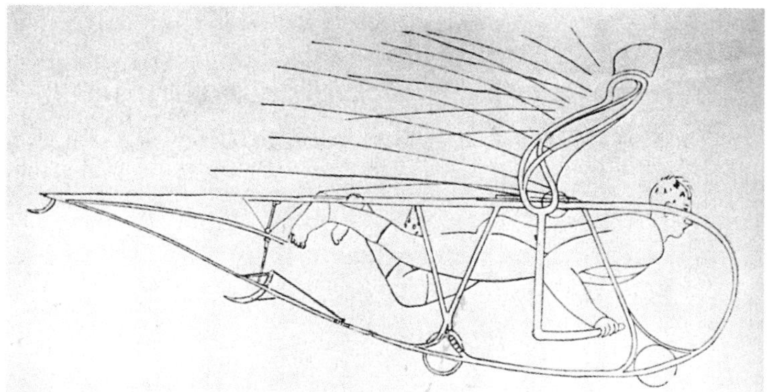

V. Tatlin, Zeichnung der Position des Piloten in 'Letatlin', ca. 1932
V. Tatlin, diagram of pilot's position in 'Letatlin', c. 1932

P. Miturich, Der Flieger, Modell, 1921/P. Miturich, the flyer, model, 1921

Otto Lilienthal beim Fliegen, 1896/Otto Lilienthal in flight, 1896

remains is only to be surprised at how such a lack of talent and people deprived of color and taste could hold out at all. But now, thanks to fate as well as to the end of the Soviet regime, all flowers which could have bloomed, or more accurately, mushrooms after the rain springing up with tremendous speed ... Therefore the appearance of these monsters reminds us of apparitions which have come out of the graves and which should return once again to their tombs.

B. G. That, of course, is also an astounding conceptualits, Sots-art painting with all of the esthetic qualities characteristic of it. But we know that life is sad and it is sad because it is not engaging, it is uninteresting. Therefore, the theory of a conspiracy doesn't work. Life, unfortunately, does not read like a crime novel. In reality banal things occur, namely: all of world art for the last decade is turned toward the question of the context of artistic tradition, about in which political, social, psychological, semiotic, medial or in some other context does the work of art exist. World art has been occupied with this over the course of decades and continues to be so. An attempt to reject such pursuit and to return to the illusion of an isolated artistic tradition which exists all by itself, independent of its social and other context, reminds me of many works by Soviet people who haven't read Freud. They look like sexual delirium. This applies to everything else as well – such naivete appears to be simply nonsensical. The further development of art can proceed only along the path of a radicalization of this wish to elucidate what is beyond the boundaries of the tradition, what is next to it, what is not seen, what is concealed, what has not been reflected upon. The aspiration to throw a sheet over all of this, to say: that never really was, or to say: we saw something horrible there, it's better not to look in that direction, - this is a terrible naivete which will make Soviet art simply uninteresting for the West if it follows that course. Moscow conceptualist artists were interesting for the West because they were pursuing the same thing that world art in general was pursuing.

I. K. But this is precisely the part which should be pointed out as the most foul part of our period. Namely, the fact that these bastards - let's call them what they are - were oriented toward success in the West. And now having oriented themselves toward the West, they have been accepted by that West. And we won't pursue that anymore, since it is clearly the incorrect point of view since we lost our own identity because of it, we lost our own face ... Something alien was revealed in our own core, something which flew off and vanished where it was supposed to.

B. G. I think that these people who say this cannot explain what they in essence do. My experience of life in the West has shown me that no matter what a person does - arithmetic or Conceptualism - if he does something, then winding up in the West he will definitely wind up with those people who do the same thing: ichthyologists with ichthyologists, mathematicians with mathematicians, conceptualists with conceptualists. Problems arise for those people who don't do anything or who do something that is impossible to define. And here a large part of Soviet art, unfortunately, pursued 'art in general' - this was not some sort of specific, particular pursuit with a particular goal, it was incomprehensible what it was. When I look at these works I don't understand what these people were doing. When a Western curator looks at them, he can't understand either, he can't do the simplest thing of finding them a place in his artistic exhibition space. The tragedy of these works rests in the fact that if they really were original, contrastive in relation to the West, they would be bought quickly and would be exhibited quickly. Because the West quickly grabs all that is different, new - if only for purely commercial reasons it quickly begins to trade it because the market searches for a new product. But these people didn't create any kind of new product, their things are perceived as banal and as not expressing anything against the background of what is occuring in general, against a background which has a reserve of artistic production. Sots-art and Moscow Conceptualism were precisely just such a contrastive gesture: they were different, unique against the background of what is done in the West. A large part of Soviet production is simply not identified. If it really were different, original, there wouldn't be any problem.

I. K. I am talking here about a situation where each successive generation - and this is natural - for its own self-identification, self-knowing must in one way or another push off from the past, cast off and define itself through 'not' in relation to the former. And today, of course, the same situation is being repeated, as it was for our generation, as it has always been in the Russian tradition in any case. And nevertheless, the following must be said: as far as I can judge what is happening now in the next generation, almost all that has been done is a paraphrase of some sort, some sort of another reflection, another sort of reworking of things which were done in that zone, in Moscow unofficial art, in Moscow Sots-art and Conceptualism. Whether the new authors did or did not intend for this to happen, it seems to me that it turned out to be virtually impossible to create any new forms or ideas, to bypass what had been done. And for today nonetheless, strange as it might be, it seems that the only real artistic activity was precisely that body of works, texts, ideas which rested at the base of that movement.

B. G. I have an hypothesis as to why the next generation could not overcome this. I think that the thing is that the art of Conceptualism or Sots-art never became the dominating norm in Russia right up until the present time. It, in essence, is unknown. People know that such artists exist, but what you, for example, actually do, your installations, your albums - all that is not published and is unknown. It is known that there is such an artist Kabakov and there are some bits of information about what he does, but your works do not have any sort of dominant position in the culture. The same is true of Prigov's texts, Sorokin's novels, the works by Komar and Melamid, and the theoretical works of that time. I think that there is no need to deceive oneself and no need to see the situation better than it really is. In essence, that entire culture continues to be unknown: it is not published, it is not exhibited, it is not commented upon, it is not recognized - that is the main thing - by Russian culture as a normative stage in its development and consequently it cannot be surmounted. The reaction of the next generation is always a reaction against the norm, against the already established, developed, assimilated, codified system, which unambiguously occupies the dominating position in art. The conceptual situation did not attain such a status. Therefore, we see what young artists do today: they use that artistic system since it hasn't yet exhausted its own potential. They use it because it continues to be an alternative, non-established tradition.

I. K. But it is not only because of those reasons you are speaking about, but precisely because of its lack

Priene, Tempel der Athena Polias/Priene, Temple of Athena Polias

Gizeh, Cheopspyramide, um 2600 v. Chr.
Gizeh, pyramid of Cheops, c. 2600 BC

Festdekorationen zu Ehren des 2. Kongresses der III. Internationale in Petrograd, 19. Juli 1920
Decoration for the festivities in honor of the 2nd Congress of the Third International in Petrograd on July 19, 1920

J. Pimenov, Wir bauen den Sozialismus, 1927
J. Pimenov, 'We Build Socialism', 1927

of manifestation, its obscurity, its fragmentedness. The reason also lies in the depths of that art, in a particular quality of that culture, i.e. it appeared all by itself in the form of reflection in relation to something else. Its dynamics and endless splitting, and its evolution, continue even today. It is impossible to reflect upon something which itself is reflective. We can reflect upon those progressive or apologetic images and constructions which were proposed, let's say, by Modernism. But it is very difficult to discuss a person who himself is also a discussant, you can only enter into a dialogue with him, into a controversy, into agreement to continue escalating the discourse, but we can't define him as a closed system about which we can say 'everything' and dot the 'i's' and cross the 't's'. Conceptualism is interesting by virtue of the fact that it itself, acting as a discussion, is not easily capable of being subjected to discussion, since its discussability is its immanent and structure-forming function. In this sense Moscow Conceptualism performs the role of the cat which Kharms wrote so wonderfully about: it partially walks along the road and partially flies smoothly through the air. Something which is partially a work of art but partially not art, wittingly well thought-out and reflected upon, creates a fence which is very difficult to jump over. You can move by only two means: a) having cast off and having said that these were talentless people who instead of drawing described how difficult it is to draw or how they were getting ready to draw, but were not starting this certain procedure, or b) to continue this very discourse, but then how? To develop it under new conditions, to connect it with some new realms? But Conceptualism is interesting namely because it tried to include all realms, all possible means, or hierarchies of scrutiny. The totality in Conceptualism was manifested in the fact that reflection was proposed from all sides possible, i.e. this was not a unilateral form of criticism under all circumstances, it was total criticism. And today's criticisms, I can cite as an example 'Medhermeneutics', represent a totally completed system, total reflection, where the mind is presented with the situation whereby reflection is so complete that we stop understanding what is reflected upon in relation to what. This is a gigantic pulsating ball of reflections. It is virtually impossible to find the ends and to grasp this sphere from the outside. Therefore I think that the task for the next generation is rather complicated.

B. G. I have one thought which confirms what you are saying, and one polemical thought. The first confirms and perhaps is the radicalization of what you are saying: I read very often in the Soviet press, that Moscow Conceptualism and Sots-art have come to an end. In fact, the statement that they have ended represents their very beginning, they began with the consciousness that they had ended. Nothing fills the heart of a conceptualist with joy as much as the statement that he is finished. At that moment he feels a surge of good spirits. The fact that everything done by him is bad, unfit for anything, has ended, doesn't make any sense, etc. - all of these moments are received with joy, are integrated, and furthermore they are found at the beginning of the entire development of the movement. That is, the idea of the end is located in the beginning of the entire process. It begins with a statement of the end, and namely of its own personal end. In this sense, the report of the fact that it has ended is entirely tautological because it is completely integrated into its own structure and, strictly speaking, is implied from the very beginning. If it weren't implied, then this whole process wouldn't make any sense. But I think that nevertheless there is one aspect which is not reflected upon in it. The thing is, Moscow Conceptualism developed without a feeling for its own boundaries. It developed, as you correctly describe, in a situation of an enormous reflective mass, which in essence was rushing off and unwinding into infinity: it was as though it was spreading endlessly. And, of course, this was a reaction to the total ideological nature of the Soviet system which was leading to the possibility of total criticism. But now Russia has turned out to be in the zone of Western civilization. Western civilization possesses one 'but', consisting of the fact that at its base doesn't lie any kind of ideology: at its base lies a system of commodity-money relations. And when you wind up in a system of commodity relations, you very quickly begin to realize your own boundaries. And these boundaries are not ideological, esthetic, cultural or any other ideal boundaries - these kinds are very easily surmounted, and we know how it is done, they are integrated instantaneously. These are commodity-money boundaries, that is, it is the functioning of your work of art and all of your artistic experience as an element of a de-ideologized neutral system of exchange which is not subject to any sort of description, to any ideologization, and in that sense to any kind of criticism. Because any criticism is also a gesture in that system, it is also sold and has its price. The neutral commodity-money system of the West in all of its rigidity is a reality which Russian art has not yet encountered, a reality which still awaits it. And I think that if anything will strike the next generation that will provoke a new system of reactions, then it is precisely this. But Russian art still hasn't reached this point yet. That is, it still hasn't fallen into that rigid system which will demand of it a rigid reaction. It, in fact, is still developing in a magical space of a growing imagination, of a freely soaring imagination.

I. K. Including imagination about the West.

B. G. Yes. And it still hasn't emerged from that situation. Although I already see some boundaries, I see how they are already approaching. But if we return to Conceptualism, then for it, as I have already said, what is important is the statement that art has ended, that art is no longer possible, both art in general and my art. And the most interesting thing begins from this moment. Commentaries begin for you from this moment, the conversation is really about just what has occurred, and it is a conversation which takes place already outside the limits of art, beyond its death. In a certain sense this is also a statement of the impossibility of the end. It has ended, but it hasn't ended, the end itself turns out to be non-definitive, the end of the end moves further and further away into infinity.

I. K. Completely correct. I can say by my own experience that all that you are suggesting, everything, being in the West, turns out to be in its own rigid, precise, definitive boundaries of some object - a material object or an object which may be said is for collecting, exhibiting, sale, etc. That evasiveness, that freedom which we acquired in our kitchens, studios, is lost, i.e. that flight in emptiness and freedom in any direction which for us without a doubt represented and represents great value. The installation in this context, I will say sincerely, seemed to me a fairly elusive, evasive figure into which I pump that square of dark, rotten air which is very difficult to catch, in general to place in some jar, etc.

B. G. I think that is entirely possible.

I. K. You are absolutely right, now I also feel that this is so. You can arrange it, buy it, sell it, etc. But the intention toward kitchen freedom, toward evasiveness or, as it was called, toward 'kolobok' (an evasive imaginary figure from a Russian fairytale - trans.), searches for newer and newer opportunities to slip away, to preserve independence. In what direction does flight seem to me to be possible? I see it in the direction of the word and text, in the paranoically growing quantity, character and indigestibility of that text. I see salvation not only in our endless conversations, but in written protestations, attitudes toward attitudes, our dialogues or pronouncements, in particular, like what we are doing today. The thought that they could be grasped in digestible material form still seems unlikely because we are speaking Russian. But furthermore, I sense another area of flight which might also be easily achievable. The proposal for an exhibit of texts, by the way, is not so far off; it's unimportant how you regard this, optimistically or pessimistically. But I see a spare track on which an new train-car could stand like in the famous song '... our armored train stands on the spare track'. I see the spare track in the following. Again I shall return to a few recent memories, to my visit to Alhambra. Judging by the photographs in tourist guides, Alhambra is a flourishing Eden, where unbelievable masterpieces of sculpture are surrounded by grape vines, extraordinary birds of paradise fly past these vines. In reality there is nothing even close to such a picture. It is total ruins, furthermore, it is not the romantic ruins like in the mountains of the Caucasus or in Germany, but namely that which could be called the remains after a ship-wreck, i.e. it is not preserved in any way at all to the shame of the cultural layer of the Spanish population; it is not preserved despite the avalanche of tourists, it is just as it was when it was abandoned after the victory over the Arabs. It could be considered that it is simply a miracle of the fortress and architecturally correct balances that until the present day all of this hasn't fallen, collapsed, disintegrated and hasn't been carried off brick by brick. I am saying all this because there is virtually nothing to look at to enjoy and to get some sort of artistic impression. You are surprised at the art of the photographers that they manage to photograph fragments ... Many of our monuments are preserved much better ... And this is considered to be one of the wonders of the world, something which is under the protection of humanity. And nevertheless, after a certain time I understood the much deeper basis for such a state of affairs. I understood what I now want to call with great pathos the ephemerality of the existence not only of life, but also the ephemerality of art. Furthermore, the ephemerality of art is not its weak point, but its strong point. It's non-materiality, its non-fixedness, its vagueness, in its material forms - wooden, stone and other - in some sense work for the good of art itself. But I felt this only in Spain, and not only in Alhambra but in other places as well. I felt the presence of ephemerality as the basis and extraordinarily essential part of what is usually called art. My well known and traditional understanding of art as something preserved in a material expression wavered. Art, apparently, is that which is an ideal form, you can understand the essence of art only when savouring that form itself. And if you see a fragment, then you can do so by completing that fragment.

B. G. That is, art exists only in the imagination.

I. K. Yes. I saw that ephemerality represents a much more refined and essential extract of it (art - trans.) than its existence in material forms. By that I want to say that there is even a special form of existence, a vessel, which contains this. In particular, a discussion of art is no less essential, and possibly a more refined understanding and indication of that substrata then the possession, preservation of some objects of art.

B. G. It seems to me that this is a very profound intuition. Because in principle the success of art in Europe was connected with the process of secularization and the loss of faith in the salvation of the soul. Instead of the Divine Memory, in place of the salvation of the soul in God, we created a system of museums and libraries, i.e. a memory of the origins is ensured by a system of technical means which were to compensate for the impossibility of our soul being seen by God, of being remembered by Him ... And it is clear that if the conservation of anything at all depends on the maintenance of the air temperature, etc., than it is a pursuit that is doomed to defeat from the beginning, since no state, no protection of the air can constantly ensure this. In this sense, the experience that art is ephemeral and that it can be destroyed, in particular, by an atomic war, and simply destroyed at every step as well (museums can't house all of this art!), this is our daily bread. And the fact that you see here a chance for art and not only a threat, seems to me is actually an opportunity for an interesting way out. We know what films about Alhambra are like, we have read novels about Alhambra, therefore how that Alhambra looks is not important. Precisely because it looks the way it does is another reason for our imagination to return to that romance, to that novel. If it were to look better than it does, that would in some sense block our imagination.

I. K. Commentary here is the subtle thought that Alhambra had actually existed after all, and that furthermore it had formed inside itself a layer which ultimately doomed it or pushed it to that ephemerality which we are talking about. We are talking about ephemerality a posteriori. Once again returning to the theme of the 'Red Wagon': in order for us to speak about the 'Red Wagon', we at the very least must have a photograph of it or at least a sketch. The a priori system, namely of a project, a plan, a hypothesis of what will be constructed - in this case it is the 'Red Wagon' - corresponds well with the second part, namely with the reminiscences, photographs of its fragments, etc. That is, we can say that there exist two active zones of an artistic work - a priori, i.e. the period from its conception to its material embodiment, and a posteriori, i.e. that time when it disappears to a greater or lesser degree. Some people even think that what is most productive is when it remains in a fragmented form. Recall the Roman ruins - nothing inspired artists, poets, writers of the 18th and 19th centuries more than the contemplation of the ruins.

B. G. Otherwise a blockage of historical memory arises. I think that it is better to speak not about ephemerality, but rather about the event-like quality of art. Art must be understood not as a thing, but as an event in time, as an episode.

I. K. Which should occur in time.

B. G. Yes, and I think that this is a very important aspect. Art is episodic, event-like, it is a kind of event in time, and this event-like quality of it means that there cannot be its 100 percent preservation or 100 percent recollection of it. That fact that it has died or has been lost is a continual provocation for

Agitationszug 'Roter Kosak', 1920/Agit-train 'Red Cossack', 1920

Agitationsdampfer 'Roter Stern', 1920/Agit-steamer 'Red Star', 1920

our imagination. If it were to be preserved as a thing all the time, this provocational aspect would be lost for us, i.e. it is possible that the 'Mona Lisa' would resound significantly better if it were to be stolen or perish and weren't returned for preservation and didn't hang in a boring museum situation, when you don't feel like going into that hall because there are too many people. And this event-like quality and temporal distance which separates you from this in a fatal, insurmountable way, is precisely that impulse which forces you to return to this event constantly.

I. K. Yes, but can't you then say that this event, if it wants to remain in memory, must coincide with that time and place when this event should have taken place.

B. G. It must be an event.

I. K. Can't you then say, that even the intention to make a monument to the Soviet regime at that time when it was dying, already represents an event? After all, we are talking about completion. A monument has died, it has been completed. If the Soviet regime were to have continued on for a long time still or if it had already no longer existed, then virtually there wouldn't have been any event at all. You could then say that the very intention and pronouncement that in such-and-such a place an attempt was made to at a monument would have been sufficient. It wasn't necessary at all to make the 'Red Wagon' ...

B. G. I think that perhaps here we have a reverse move, the thing is more refined than that: in actual fact the Soviet regime died because a monument was erected to it.

I. K. And then isn't all of Sots-art the retort: old man, look at your grave, it's sheer pleasure to lie there! - the recognition of one's own end ...

B. G. Of course, at that moment when it received its own form, when a monument was erected to it, it understood that it had become an event, and that nothing remained for it except to come to an end, not to live any longer.

I. K. You can recall the horrible fate of an artist who died from his own retrospective exhibit. But the Soviet regime didn't hold its own retrospective exhibits.

B. G. Yes, and an artist, in fact, himself never holds his own retrospective exhibits, they are held by a curator. An artist always says: no, I am still alive. He is in a constant dialogue which becomes more and more difficult for him. But the Soviet regime couldn't withstand the fact that a monument had been erected to it, and it died as a consequence. It seems to me that you were right when you said in the beginning of our discussion that this is a monument to a monument. That is, the 'Red Wagon' is a monument to Sots-art which was a monument to the Soviet regime, and in this sense it was a monument to a monument, it was a sort of conclusion to Sots-art. You can view the 'Red Wagon' as the death of Sots-art, caused by the fact that a monument was erected to it. And our talk today - it is again a sort of monument to a monument. For us, people of a vampire-like way of life, death is the beginning of an interesting life. After all, Sots-art is vampire art, as is all contemporary art. It begins to be interesting and begins to live a full fruitful life only when it has died.

I. K. But I must say that in regard to Sots-art, and a monument to a monument, that this was conceived when the Soviet regime still hadn't died as a body. The body dies at that moment when the soul departs from it. The end of the Soviet regime for me had already happened, and the monument was conceived at that time when there still wasn't any talk about the break-up of the Soviet Union (that was in 1985). But the departure of the soul of the Soviet regime had already occurred. Therefore, Sots-art had its place there as a description of the existence of a body without a soul. This is what all of us artists perceived of as death in an astral sense - not in the sense of the cession of the Ukraine from Russia or the disappearance of the Communist Party. We celebrated inside and described the corpse at a time when its legs were still quivering, it drank water, went to the movies, etc.

B. G. Perhaps here again there is a more refined move, consisting of the fact that there was actually pity for this corpse, for the fact that it was lying breathless, and in reality, I think that you and many others gave your soul to it. This installation is the body of the

Dekoration auf dem Trubny-Platz am 7. November 1933/Decoration on Trubny Square, November 7th, 1933

Propagandawagen zu den Themen 'Elektrifizierung' und 'Die Einheit von Stadt und Land' am 7. November 1927 in Moskau
Agit-cars on the subjects 'Electrification' and 'The unity of city and village' on November 7th, 1927 in Moscow

Soviet regime, but animated by your soul. It has started to live a second life, with another soul. This is also a variation of life after death.

I. K. There is no person in art who doesn't abandon himself to it with great passion ... Practically only that was life ... Drawing this monument, these paintings, that was life.

B. G. It was the animation of the corpse in such a way that it was given a second life.

I. K. But the body, not the soul.

B. G. That's the only way that it could be given a second life, because its soul was already irrevocably dead.

Propagandawagen mit Modell eines Telephons auf der Parade zum 1. Mai 1925 in Leningrad/Agit-car with telephone-model at the parade on May 1st, 1925 in Leningrad

Der Rote Waggon im Museum Wiesbaden

Die Installation 'Der Rote Waggon' kam im Oktober 1994 ins Museum Wiesbaden. Wegen länger anstehender baulicher Sanierungsarbeiten konnte sie hier erst im Laufe des Jahres 1999 aufgebaut werden. Die folgenden Abbildungen dokumentieren die Phase des gemeinsamen Aufbaus der Arbeit mit Ilya Kabakov (27. September - 1. Oktober 1999) und die fertige Installation.

The Red Wagon at the Museum Wiesbaden

The installation 'The Red Wagon' came to the Museum Wiesbaden in October 1994. Due to a long term restoration program of the building it was not possible to show the installation before 1999. The following reproductions are a document of putting up the work together with Ilya Kabakov (September 27th - Oktober 1st, 1999) and of the completed installation.

Installationsaufbau im Museum Wiesbaden, September 1999

Installing the Red Wagon at the Museum Wiesbaden, September 1999

Installationsaufbau im Museum Wiesbaden, September 1999

Installing the Red Wagon at the Museum Wiesbaden, September 1999

Installationsaufbau im Museum Wiesbaden, September 1999

Installing the Red Wagon at the Museum Wiesbaden, September 1999

Installationsaufbau im Museum Wiesbaden, September 1999

Installing the Red Wagon at the Museum Wiesbaden, September 1999

Das für die Innendekoration des Roten Waggons bestimmte Gemälde/The Painting for the interior decoration of The Red Wagon

ИМ. 1 МАЯ 8Т-СССР

Gesamtansicht der Installation von der Eingangsseite her/View to the installation from the entrance

Gesamtansicht der Installation von der Rückseite her/View to the installation from backside

Detailansicht der Installation/Detail view of the installation

Detailansicht der Installation/Detail view of the installation

Detailansicht der Installation/Detail view of the installation

Detailansicht der Installation/Detail view of the installation

Detailansicht der Installation/Detail view of the installation

Detailansicht der Installation/Detail view of the installation

Innendekoration des Roten Waggons/Interior decoration of the Red Wagon

ИМ. 1 МАЯ 8Т-СССР

Gemälde von Ilya Kabakov auf dem Roten Waggon/Paintings by Ilya Kabakov on The Red Wagon

Gemälde von Ilya Kabakov auf dem Roten Waggon/Paintings by Ilya Kabakov on The Red Wagon

Gemälde von Ilya Kabakov auf dem Roten Waggon/Paintings by Ilya Kabakov on The Red Wagon

Gemälde von Ilya Kabakov auf dem Roten Waggon/Paintings by Ilya Kabakov on The Red Wagon

Gemälde von Ilya Kabakov auf dem Roten Waggon/Paintings by Ilya Kabakov on The Red Wagon

Gemälde von Ilya Kabakov auf dem Roten Waggon/Paintings by Ilya Kabakov on The Red Wagon

Gemälde von Ilya Kabakov auf dem Roten Waggon/Paintings by Ilya Kabakov on The Red Wagon

Gemälde von Ilya Kabakov auf dem Roten Waggon/Paintings by Ilya Kabakov on The Red Wagon

Dokumentation

Der Rote Waggon in Düsseldorf, Jerusalem, Moskau und Wien

Documentation

The Red Wagon in Düsseldorf, Jerusalem, Moscow and Vienna

Jürgen Harten
Der 'Rote Waggon' in Düsseldorf

Gewiß, der 'Rote Waggon' war in der Düsseldorfer Kunsthalle ausgestellt. Aber die schlichte Tatsache, daß dieses nach seinem mittleren Teil benannte dreiteilige Installationsobjekt dort vom 12. April bis 21. Juni für jedermann zu sehen war, reicht nicht aus, um dem 'Roten Waggon' genügend Realität zu bescheinigen. Denn in Jerusalem und Moskau, auf den nachfolgenden Stationen der Ausstellungstournee, für die er gebaut worden war, glänzte er durch Abwesenheit. Der Besucher mußte sich mit Texten und ein paar bescheidenen Abbildungen in Postkartengröße begnügen, die ihn im Rahmen sekundärer Installationen darauf aufmerksam machten, daß es sich bei dem 'Roten Waggon' um einen entrückten und daher wohl phantastischen Gegenstand handelte. So gesehen, ist mit dem 'Roten Waggon' nicht nur das Installationsobjekt selbst gemeint, sondern ein Phantasma, das in diesem Objekt Gestalt annimmt, aber auch mit Worten erfaßt und fortgeschrieben werden kann.

Man könnte die Unterscheidung des Objekts von dem, wofür es steht und was es bedeutet, zunächst auf die Differenz von Zeichen und Bezeichnetem zurückführen und die Arbeit des Künstlers als Probe auf die Bezeichenbarkeit des zu Bezeichnenden verstehen. Aber mit diesem einfachen begrifflichen Schema würde man Kabakov nicht gerecht. Natürlich ist der 'Rote Waggon' vor allem ein Artefakt und als solches von eigener, hergestellter Gegenständlichkeit. Doch dieses Artefakt dient zugleich als 'Bild', das heißt, es verweist auf etwas anderes als sich selbst, und zwar, wie bei jedem Kunstwerk, grundsätzlich in Ungewißheit des zu vergegenwärtigenden Sujets. Andererseits ist Kabakovs künstlerisches Interesse inhaltlich motiviert. Er setzt sich, erst synchron, dann post festum, mit sowjetischen Lebensgewohnheiten und Überlieferungen auseinander und befragt permanent sein sowjetisches alter ego, dem er, bei allem Elend und aller Glorie, immer noch etwas Allgemeinmenschliches abzugewinnen hofft. Diese doppelte Disposition befähigt ihn, die Erinnerung an das sowjetische Milieu zum, wie gesagt, 'ungewissen' Gegenstand seines künstlerischen Entwurfs zu machen. Entscheidend ist, daß er dabei sowohl die Vorstellung von Realität als auch von Kunst aufs Spiel setzt, und dafür ist kein Medium besser geeignet als die Installation. Sie ist ortsgebunden, nimmt den Betrachter räumlich und zeitlich gefangen und wird daher als höchst real erlebt, während sie doch nur eine inszenierte, halbwegs simulierte Wirklichkeit vorstellt, also nicht das, was sie zu sein scheint.

Im Endeffekt kommt es zu einer permanent umspringenden Täuschung, wobei abwechselnd der Eindruck entsteht, das Kunstwerk sei beinahe die Sache selbst, oder umgekehrt, die 'Sache' sei womöglich von der gleichen ephemeren Natur wie das 'Bild', in dem sie sich darstellt. Und da dieses Umspringen nur funktioniert, wenn das Bild mit dem Artefakt übereinzustimmen scheint, muß Kabakov peinlich auf eine perfekte Ausführung seiner Installation bedacht sein.

Installation als Bild heißt soviel wie Raumbild. Kabakov installiert nicht einfach Objekte in einem gegebenen neutralen Ausstellungsraum, damit sie dort gut zur Geltung kämen, sondern er eignet sich den Raum als Medium an, um ihn gänzlich zu verwandeln und einen Gesamteindruck hervorzurufen, den jedes Detail zu bestätigen hat. Zur Verwechslung der Darstellung mit dem Dargestellten trägt außerdem bei, daß Kabakov seine Requisiten möglichst wortwörtlich dem geschilderten Milieu entnimmt. Zusätzlich wird das Raumbild musikalisch belebt und dadurch dem Besucher als Schauplatz einer Handlung empfohlen, die parallel zu seinem Verweilen stattzufinden scheint. Doch bald wird der Besucher die Neugier, bei der ihn der Künstler gepackt hat, befriedigen wollen und den sprichwörtlichen Blick hinter die Kulissen riskieren. Da die Installation aber, allgegenwärtig wie sie ist, nicht von hinten entlarvt werden kann, gibt es nichts anderes zu entdecken als die konzeptuelle List der Bildrauminszenierung. Sie besteht darin, die Darstellung mit ihren Zitaten, Realien, Anspielungen und Illusionen insgesamt als eine Pose des evozierten Phantasmas erscheinen zu lassen. Und von daher wiederum stellt sich die Frage nach dem Wesen jener Wirklichkeit, auf die sich die phantasmatische Pose bezieht. Kabakovs Installationen, darunter auch der 'Rote Waggon', der ausnahmsweise keine Texte enthält, lassen sich als Manifestationen der Moskauer konzeptuellen Poesie verstehen, wie sie während der späten Breshnev-Ära entstanden ist und bis heute den Künstler, dem sie vielleicht ebenso viel verdankt wie er ihr, entscheidend prägt. Diese Poesie wird in einem breiten, zu mancherlei Assoziationen und Spekulationen einladenden Dekorum vorgetragen, das mit seinem bisweilen ironisch nostalgischen Flair ein spezifisch konzeptuelles Vergnügen bereitet. Es dürfte danach ohne weiteres einleuchten, daß dem 'Roten Waggon' auch katalytische Eigenschaften zugeschrieben werden können.

Er ist dort, wo er ausgestellt ist, immer in gewissem Maße von den gegebenen Umständen abhängig, bewirkt aber auch, daß diese keineswegs nur äußerlichen Umstände im Hinblick auf das Exponat mißachtet und artikuliert werden. Die Umstände gewinnen sogar an Bedeutung, sobald das erwartete Exponat ausbleibt, vorausgesetzt es gelingt dem Künstler, dessen Abwesenheit zu thematisieren. Zum Beispiel könnte er behaupten, daß der Ausstellungsort sich aus irgendeinem Grund als ungeeignet herausgestellt habe oder daß der Zeit-punkt falsch gewählt worden sei. Gewiß waren vor allem Transportschäden, die nicht so schnell behoben werden konnten, und räumliche Unzulänglichkeiten schuld daran, daß der 'Rote Waggon' in Jerusalem und Moskau nicht ausgestellt werden konnte. Aber Kabakov besann sich auf eines seiner Leitmotive, die enttäuschte und zu enttäuschende Erwartung, um wieder einmal aus der Not eine Tugend zu machen. Fast hätte man den Eindruck haben können, er be-nutzte die Abwesenheit des 'Roten Waggons' zur Demonstration israelischer beziehungsweise sowjetischer Verhältnisse. In Wahrheit jedoch entdeckte er unter den Bedingungen dieser Verhältnisse Eigen-schaften des 'Roten Waggons', die dem Objekt sonst nicht ohne weiteres anzusehen gewesen wären. Das Heilige Land war der Ort, wo das Phantasma in eschatologischem Licht erschien, während es in Moskau dank seiner Abwesenheit davor bewahrt wurde, von dem Boden, dem es entsprungen war, wieder verschlungen und seiner künstlerischen Virtualität beraubt zu werden.

Zur Fama des 'Roten Waggons' gehört natürlich auch die Vorgeschichte. Gemeint ist damit nicht die Genese des Werks, wie sie sich aus vorigen Werken ableiten und als folgerichtig, um nicht zu sagen 'innerlich notwendig' nachvollziehen ließe, sondern der mehr oder weniger äußerliche Anlaß seiner Entstehung, präzise die Erwartung, die an die Einladung Kabakovs zur Teilnahme an der Ausstellung 'Sowjetische Kunst um 1990', der zweiten Hälfte der israelisch-sowjetischen Binationale von 1991/92 geknüpft war. Der Schlüssel zur Binationale lag bei der Düsseldorfer Kunsthalle. Sie hatte die Initiative zu dieser Art von 'Kulturaustausch' ergriffen, noch bevor die unmittelbar beteiligten Länder, Israel und die damalige Sowjetunion, volle diplomatische Beziehungen aufgenommen hatten, und mußte als federführendes Institut buchstäblich exterritorial zwischen so verschiedenen Partnern wie dem Israel Museum in Jerusalem und dem Künstlerverband der UdSSR, der das Zentrale Künstlerhaus in Moskau verwaltete, vermitteln. Damals war auch kein sowjetischer Kurator zu finden gewesen, der das Vertrauen sowohl der Kulturbürokratie als auch der immerhin bis 1987 mehr unterdrückten als tolerierten 'inoffiziellen' neuen Avantgarde gehabt hätte, so daß die sowjetischen Partner schließlich die Verantwortung für die Ausstellung dem deutschen Erstveranstalter überließen und der Präsident des sowjetischen Künstlerverbandes am Ende ebenso korrekt wie unverbindlich Künstlerinnen und Künstler vertrat, die ihrerseits keineswegs den Künstlerverband repräsentierten.

Die Ausstellung wurde unter dem Eindruck des kulturellen Echos verabredet, das die Erschütterung des auseinanderbrechenden Sowjetimperiums hervorgerufen hatte. Was mich dabei als deutschen Kurator bewegte, war mehr als nur der Versuch einer sowjetischen Ausstellung 'aus westlicher Sicht'. Noch 1987 hatte das sowjetische Kultusministerium die Mitwirkung an der Düsseldorfer Ausstellung zum Thema '1937' (in der Kunsthalle: 'Die Axt hat geblüht - Europäische Konflikte der dreißiger Jahre in Erinnerung an die frühe Avantgarde') abgelehnt, weil zu befürchten sei, daß Werke des Sozialistischen Realismus 'in die Nähe' des Faschismus gerückt würden. Kein Wunder, denn die Ausstellung illustrierte bis zu einem gewissen Grad die von Boris Groys eingeleitete, in Deutschland besonders relevante Debatte über das Verhältnis von Avantgarde und Totalitarismus. Doch inzwischen waren, unter anderem, Arbeiten der russischen 'Metaphysiker', der Soz-Art, die man als postkommunistische Parallele der Postmoderne betrachten kann, und der Moskauer konzeptuellen Schule in die internationale Öffentlichkeit gelangt. Davon etwas in Deutschland zu zeigen, kam einer freilich exotisch entschärften Herausforderung gleich. Hätte es denn hierzulande (und gar in der DDR) künstlerische Entwürfe gegeben, die einen Vergleich mit der dekonstruktivistischen Radikalität eines Ilya Kabakov erlaubt hätten? Kabakovs Beitrag sollte daher im Zentrum der 'Sowjetischen Kunst um 1990' stehen.

Ich kann mich gut an unser erstes Treffen im Gastatelier des DAAD in Berlin erinnern. Kabakov schlug anfangs eine seiner Anti-Installationen vor, das heißt

Eröffnung der Ausstellung in der Kunsthalle Düsseldorf 1991
Exhibition opening at the Kunsthalle Düsseldorf 1991

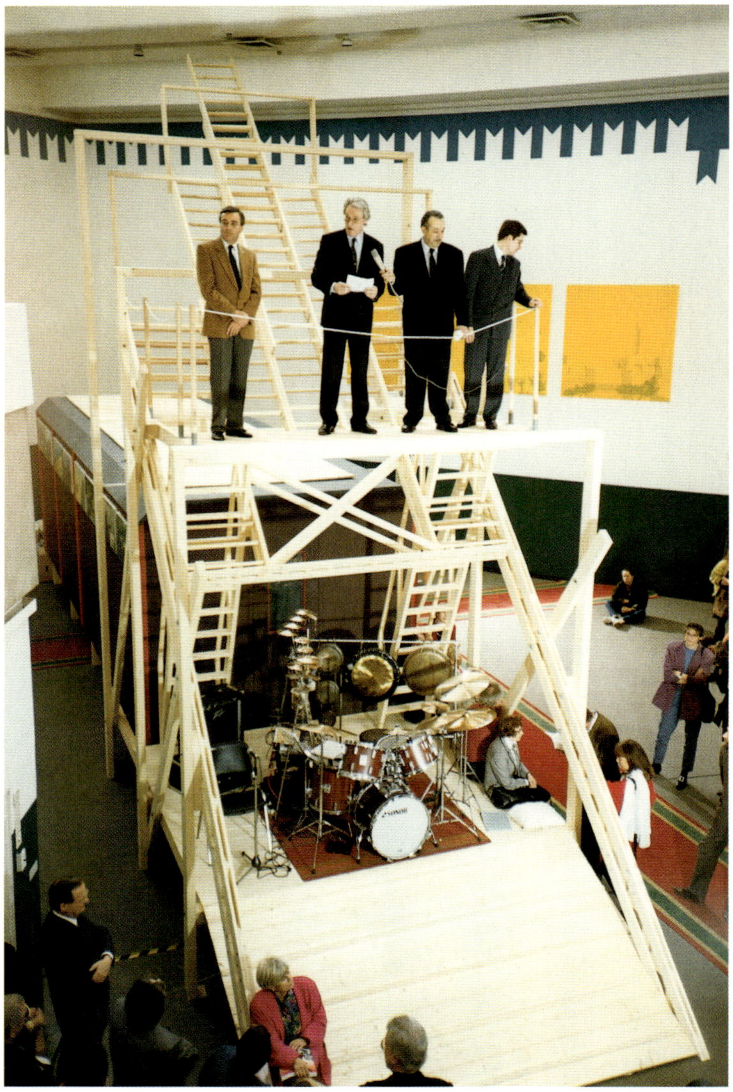

einen Raum, der so aussieht, als sei man mit der Renovierung nicht fertig geworden, bot dann aber alternativ eine völlig neue, auf die Thematik der Ausstellung genau bezogene, vorläufig als 'Brücke' beschriebene Installation an, eine Metapher für Aufstieg, Höhe und Verfall des Imperiums, wie sie unter Moskauer Konzeptualisten kursierte. Die ersten Ideenskizzen dienten der Suche nach einer Konfiguration eines konstruktivistisch-avantgardistischen mit einem daran anknüpfenden sozialistischen Element, das eine inspiriert von Tatlins Turm, das andere nach dem Vorbild sowjetischer Eisenbahnpropaganda. So wurde aus der 'Brücke' eine Art 'Zentaur' mit dem Gerüst einer emporragenden Tribüne als 'Oberkörper' und dem 'Leib' des eigentlichen Waggons, den man unterhalb der Tribüne betrat, um am Ausgang mit dem für Kabakov typischen 'Müll' konfrontiert zu werden.

Der 'Rote Waggon' stand diagonal im zweigeschossigen Saal der Kunsthalle. Zwei begleitende, einem Depot des Kreml entnommene rote Läufer und der umlaufende häßlich braune Wandsockel, unentbehrliches Zitat des amtlichen Milieus, vervollständigten die Installation. Zugleich war der 'Rote Waggon' das Herzstück einer übergreifenden Inszenierung, angeregt von einer Ausstellung des 'Klubs der Avantgardisten', die Josip Baksteijn in einer leerstehenden Moskauer Lagerhalle eingerichtet hatte. Ausgespart von einem himmelblauen Hintergrund, waren am oberen Rand der Wände des Kabakov-Saals Zinnen zu erkennen, so daß man sich die Wand über der Sockelzone als eine Art Kreml-Mauer vorstellen konnte. Sie bildete den Hintergrund für drei hochhängende imperiale Triptychen von Andrej Filipov, Ansichten von Rom (rot), Byzanz (blau) und Jerusalem (gelb). Die mit 'Jerusalem' markierte Position befand sich am vorderen Ende einer Achse, die die obere Zone des großen Saals mit dem Balkongeschoß verband. Diese Symmetrieachse führte über den Drehpunkt 'Sentimentaler Begegnungen', ein Aussichtstürmchen mit Treppen von Kostja Svesdoshotov, zu der Aida-Paraphrase von Vadim Sacharov, wo sich hinter dem 'Chor' der Leinwände, bewundert von 'Peter', vermutlich eine der Inkarnationen des Künstlers, ein Leuchtkasten mit dem Codewort 'NOMA' verbarg. So entstand ein Zusammenhang zwischen der Metaphorik des 'Roten Waggons', der Emblematik, die Filipov auf Moskau als dem 'Dritten Rom' bezog, und der esoterischen NOMA-Botschaft der Konzeptualisten.

Bei der Eröffnung wurde der 'Rote Waggon' zur Bühne. Zum Entsetzen Kabakovs bestiegen die Funktionäre, der Vorsitzende des sowjetischen Künstlerverbands nebst Dolmetscher, der Vorsitzende des Kulturausschusses des Rates der Stadt Düsseldorf und der Direktor der Kunsthalle die schwankende Tribüne, um dort ihre Reden zu halten. Anschließend fand auf der Eingangsplattform des Waggons, die dabei der Veranda einer Datscha glich, eine Musikperformance mit Vladimir Tarassov statt. Kabakov trug, begleitet von Schlagzeug, Hintergrundradio und scheppernden Geschirr, seine berühmte Schimpfkanonade aus der Küche der 'kommunalen Wohnung' vor und Dimitrij Prigov beteiligte sich mit einem aktuellen Lautgedicht über den bedrohlichen Auf-marsch sowjetischer Panzer in Wilna.

Abschließend noch eine nachträgliche Beobachtung: es fiel mir auf, daß auf der Tribüne die ursprünglich vorgesehenen Wimpel fehlten und daß das Panorama im 'Roten Waggon', abweichend von dem ersten Entwurf, keine leere offene Landschaft zeigte, sondern die Vision einer Metropolis der zwanziger und dreißiger Jahre. Mir scheint daher, daß Kabakov erst während der Arbeit das Innere des 'Roten Waggons' künstlerisch entdeckt hat. Und da er schließlich sogar überlegt hatte, den Besucher von hinten einsteigen zu lassen, liegt die Vermutung nahe, daß die Metaphorik des Verhältnisses von 'Innen und Außen' ihn am Ende mehr interessierte als die der 'Brücke'. In der Tat, draußen konnte man vor den blinden Fenstern des appropriierten Sozialistischen Realismus auf rotem Teppich promenieren, aber die verlorene 'innere Dimension' war nur durch den 'Müll' hindurch zu gewinnen.

Schließt hier nicht 1993 Kabakovs spektakulärer Beitrag zur Biennale in Venedig an? Das reale Innere des offiziellen Pavillions der heutigen GUS könnte mit 'Remont' (in Reparatur) überschrieben sein, einschließlich des Mülls, während draußen im umfriedeten Park die Projektion des inneren Lebens Wirklichkeit geworden zu sein scheint: ein Phantasma im Glanze der Auferstehung.

Eröffnung der Ausstellung in der Kunsthalle Düsseldorf 1991
Exhibition opening at the Kunsthalle Düsseldorf 1991

Jürgen Harten
The Red Wagon in Düsseldorf

The Red Wagon was indeed shown at the Düsseldorfer Kunsthalle. Yet the mere fact that this three-part installation object named for its middle section was exhibited to the public from April 12 to June 21 is not sufficient to fully affirm the reality of the Red Wagon. For in Jerusalem and Moscow, the next stops on the exhibition tour for which it had been built, the installation was prominently absent. Viewers had to be content with texts and a few modest postcard-sized illustrations which called attention, within the context of the other installations, to the fact that the Red Wagon was a detached and thus fantastical object. Viewed in this way, the Red Wagon stands not only for the installation object itself but for a phantasm that assumes physical form in the object but can also be described and perpetuated in words.

It is possible to attribute the distinction between the object and what it stands for or what it means to the difference between the sign and that which is signified and thus to accept the artist's work as a test of the amenability of the signified to signification. But such a rudimentary conceptual approach would not do justice to Kabakov. The Red Wagon is, of course, primarily an artefact and as such has its own created objective character. Yet this artefact is also an 'image', meaning that it also refers to something other than itself - specifically, as is the case with every work of art, to a subject that by nature remains uncertain. On the other hand, Kabakov's interest as an artist is motivated by substantive content. He focuses, at first synchronically and later post festum, with the customs and traditions of Soviet life, constantly consulting his Soviet alter ego, from which he, conscious of all the misery and all the glory, still hopes to derive something of universal human value. This dual disposition enables him to make his recollection of the Soviet living environment into the subject - the uncertain subject, as suggested above - of his work in art. The crucial point is that, in doing so, he places both his idea of reality and his concept of art in the balance, and no medium is better suited for that than the installation. Bound to a specific location, it captivates the viewer both spatially and temporally and is thus experienced as utterly real, although it presents only a form of staged, partially simulated reality and not that which it appears to be.

Der Rote Waggon in der Kunsthalle Düsseldorf 1991
The Red Wagon at the Kunsthalle Düsseldorf 1991

The end result is constantly oscillating illusion which evokes impressions alternating between the perception of the work of art as almost the subject itself and the sense that the 'subject' may be of the same ephemeral nature as the 'image' in which it is represented. And since this process of oscillation works only when the image appears identical to the artefact, Kabakov is forced to take great pains to ensure the perfect realisation of his installation.

The installation as image is essentially a spatial representation. Kabakov does not merely install objects in neutral exhibition space in order to present them effectively. Instead, he appropriates space as a medium, transforming it completely to evoke an overall impression that must be confirmed in every detail. The confusion between the representation and that which is represented is prompted in part by the fact that Kabakov takes his props as literally as possible from the milieu he describes. Moreover, the spatial image is animated by music and thus recommended to the viewer as the scene of an action that appears to be going on in his presence. But at some point the viewer will want to satisfy the curiosity the artist has engaged in him and to take the proverbial look behind the scenes. Since the installation, as omnipresent as it is, cannot be exposed from the rear, there is nothing to discover but the conceptual cunning that underlies the staging of the spatial image. And that consists in having the presentation, with all of its references, real elements, allusions and illusions, appear as a pose assumed by the phantasm it evokes. And thus the question arises as to the essence of the reality to which the phantasmal pose relates. Kabakov's installations, among them the Red Wagon, one of the very few which contains no texts, can be seen as manifestations of Moscow Conceptual Poetry, a current that emerged during the latter years of the Brezhnev era and continues to influence the artist, to whom it owes perhaps as much as he owes to it, even today. This poetry is presented in a broad decorum that suggests a number of associations and speculations and offers a specific kind of conceptual pleasure with its often ironic, nostalgic flair.

Thus it should not be difficult to accept the attribution of catalytic properties to the Red Wagon as well. Wherever it is exhibited, it is always dependent to a certain degree upon the surrounding circumstances, yet it also has the effect that these circumstances, which are by no means merely superficial,

Der Rote Waggon in der Kunsthalle Düsseldorf 1991
The Red Wagon at the Kunsthalle Düsseldorf 1991

are both ignored and articulated with reference to the installation. In fact, the circumstances take on greater significance at the very point at which the installation fails to appear, provided the artist succeeds in calling attention to the subject of its absence. He could claim, for example, that the exhibition site had turned out to be unsuitable or that the timing was wrong. There is no doubt that damage incurred during transport, which could not be repaired quickly enough, and spatial inadequacies were the reasons why the Red Wagon could not be exhibited in Jerusalem and Moscow. But Kabakov drew upon one of his leitmotifs, namely disappointed and disappointing expectations, to turn the situation to his advantage. One might even have got the impression that he was exploiting the opportunity provided by the absence of the Red Wagon to offer a demonstration of prevailing conditions in Israel and the Soviet Union. In truth, however, he discovered under the circumstances shaped by these conditions qualities of the Red Wagon which would not otherwise have been immediately apparent in the object itself. It was in the Holy Land that the phantasm appeared in an eschatological light, while its absence in Moscow kept it from being swallowed up by the ground from which it had emerged and from being stripped of its virtuality as a work of art.

Part of the reputation of the Red Wagon, of course, is its background history. By this I do not mean its genesis, the reconstruction of its derivation as a 'logical consequence' - perhaps even an 'inner necessity' - from earlier works, but the more or less external stimulus that led to its creation. To be precise, that stimulus was the expectation associated with the invitation of Kabakov to participate in the exhibition entitled 'Soviet Art around 1990', the second half of the Israeli-Soviet Binational presented in 1991/92. The key to the Binational show was held by the Düsseldorfer Kunsthalle. The Kunsthalle taken the initiative for this kind of 'cultural exchange program' before the countries directly involved, Israel and the former Soviet Union, had even established full diplomatic relations and was compelled to mediate literally as an extraterritorial executive institution between such diverse partners as the Israel Museum in Jerusalem and the Artists' Union of the USSR, which ran the Central House of Artists in Moscow. At that time, no Soviet curator could be found who enjoyed the trust of both the cultural bureaucracy and the 'unofficial' new avant-garde, which was still more suppressed than tolerated as late as 1987. Consequently, the Soviet partners finally turned over responsibility for the exhibition to the German institution scheduled to host the exhibition at its first venue, and the president of the Soviet Artists' Union ultimately represented - in an equally correct and unofficial manner - artists who themselves did not represent the Artists' Union in any way.

The exhibition was conceived under the influence of the cultural echo of the tremors generated by collapse of the Soviet empire. What prompted my commitment as a German curator was more than simply the prospect of an attempt to present an exhibition of Soviet art 'from a western point of view'. As late as 1987, the Soviet Ministry of Culture had refused to participate at the Düsseldorf exhibition on the theme '1937' (title of the presentation at the Kunsthalle: 'Die Axt hat geblüht - Europäische Konflikte der dreißiger Jahre in Erinnerung an die frühe Avantgarde') for fear that works of Soviet Realism might be presented 'in proximity' to fascism. That is no wonder, since the exhibition focused to a certain extent on the debate initiated by Boris Groys, a discussion that had particular relevance for Germany, about the relationship between the avant-garde and totalitarianism. Yet by that time, works of the Russian 'Metaphysicians', of the 'Soci-Art' we may rightly regard as the post-Communist counterpart of postmodernism, and of the Moscow Conceptual School had been presented to the public. To show some of this art in Germany amounted to a challenge, though admittedly one somewhat defused by its exotic character. Is it conceivable that there might have been works by artists in this country (or even in the GDR) that could have been compared with the radical deconstructivism of an Ilya Kabakov? Thus Kabakov's contribution was to occupy a central position at 'Soviet Art around 1990'.

I well remember our first meeting in the guest studio of the DAAD in Berlin. Kabakov initially proposed an anti-installation - that is, a room that would look as if were still in the process of renovation. But he then offered an alternative, a completely new installation relating specifically to the theme of the exhibition and tentatively described as a 'Bridge', a metaphor for the rise, ascendancy and fall of the empire that was circulating among the Moscow Conceptualists at the time. The first sketched ideas were meant to serve as aids in the search for a configuration appropriate to a constructivist-avant-garde solution joined by a socialist element - the one inspired by Tatlin's tower, the other adapted from Soviet railroad propaganda. Thus the 'Bridge' eventually became a kind of 'Centaur', with the framework of a towering platform as the 'torso' and the actual railroad car as the 'abdomen', which would be entered from below the platform and exited in full view of the 'trash' that typically formed a part of Kabakov's work.

The Red Wagon stood on a diagonal in the two-storey exhibition hall at the Kunsthalle. Two long red carpets obtained from a depository in the Kremlin and the ugly brown wall baseboard, an indispensable reference to the official setting, gave the finishing touches to the installation. At the same time, the Red Wagon was the centrepiece of an all-encompassing tableau based upon the concept of an exhibition presented by the 'Klub der Avantgardisten', a show organised by Josip Baksteijn in an empty warehouse in Moscow. Offset against a sky-blue background, parapets could be seen along the upper edge of the wall of the Kabakov room, giving the wall above the baseboard area an appearance reminiscent of the Kremlin walls. This formed the background for three imperial triptychs by Andrej Filipov that were hung high on the wall: views of Rome (red), Byzantium (blue) and Jerusalem (yellow). The position identified by the word 'Jerusalem' was located at the forward end of an axis that connected the upper level of the large hall with the balcony floor. This axis of symmetry lead through the hub marked by Sentimental Encounters, a small viewing tower with stairs by Kostja Svesdoshotov, to Vadim Sacharov's paraphrase of Aida, where a light box with the code word 'NOMA' was concealed behind the 'chorus' of canvases under the admiring gaze of 'Peter', presumably an incarnation of the artist. Thus a link was established between the metaphoric presence of the Red Wagon, Filipov's emblematic reference to Moscow as the 'Third Rome' and the Conceptualists' esoteric NOMA message.

The Red Wagon became a stage for the opening ceremonies. To Kabakov's horrified amazement, the functionaries - the Chairman of the Soviet Artists' Union accompanied by interpreter, the Chairman of the Culture Committee of the Düsseldorf City Council and the Director of the Kunsthalle ascended the swaying platform to deliver their addresses. Then a musical performance with Vladimir Tarassov took place on the entrance platform of the car, which took on the appearance of a dacha porch. Kabakov, accompanied by drums, a radio in the background and the sounds of dishes being smashed, recited his famous diatribe from the kitchen of the 'communal flat', and Dimitrij Prigov contributed a new tone poem on the threatening appearance of Soviet tanks in Vilnius.

I wish to add a retrospective observation before concluding. I noticed at the time that the pennants originally intended for the platform were missing and that the panorama in the Red Wagon, in a departure from the initial proposal, did not show an empty, open landscape but instead the vision of a metropolis of the 1920s and 1930s. Thus it occurs to me that Kabakov did not actually discover the interior of the Red Wagon until he had already begun work on the installation. And since he later even considered having visitors enter from the rear, it seems reasonable to assume that he was ultimately more interested in the metaphoric character of the relationship between 'inside' and 'outside' than in that of the 'Bridge'. Indeed, although visitors could promenade outside the car on a red carpet in front of the obscured windows of appropriated Socialist Realism, the lost 'inner dimension' could be approached only through the 'trash'.

Does this suggest a link to Kabakov's spectacular contribution to the 1993 Biennale in Venice? The real inside of the official pavilion of today's CIS could be identified with a sign reading 'Remont' (under repair), to include the trash, while outside, in the enclosed park, the projection of an inner life appears to have become a reality: a phantasm in the brilliant radiance of resurrection.

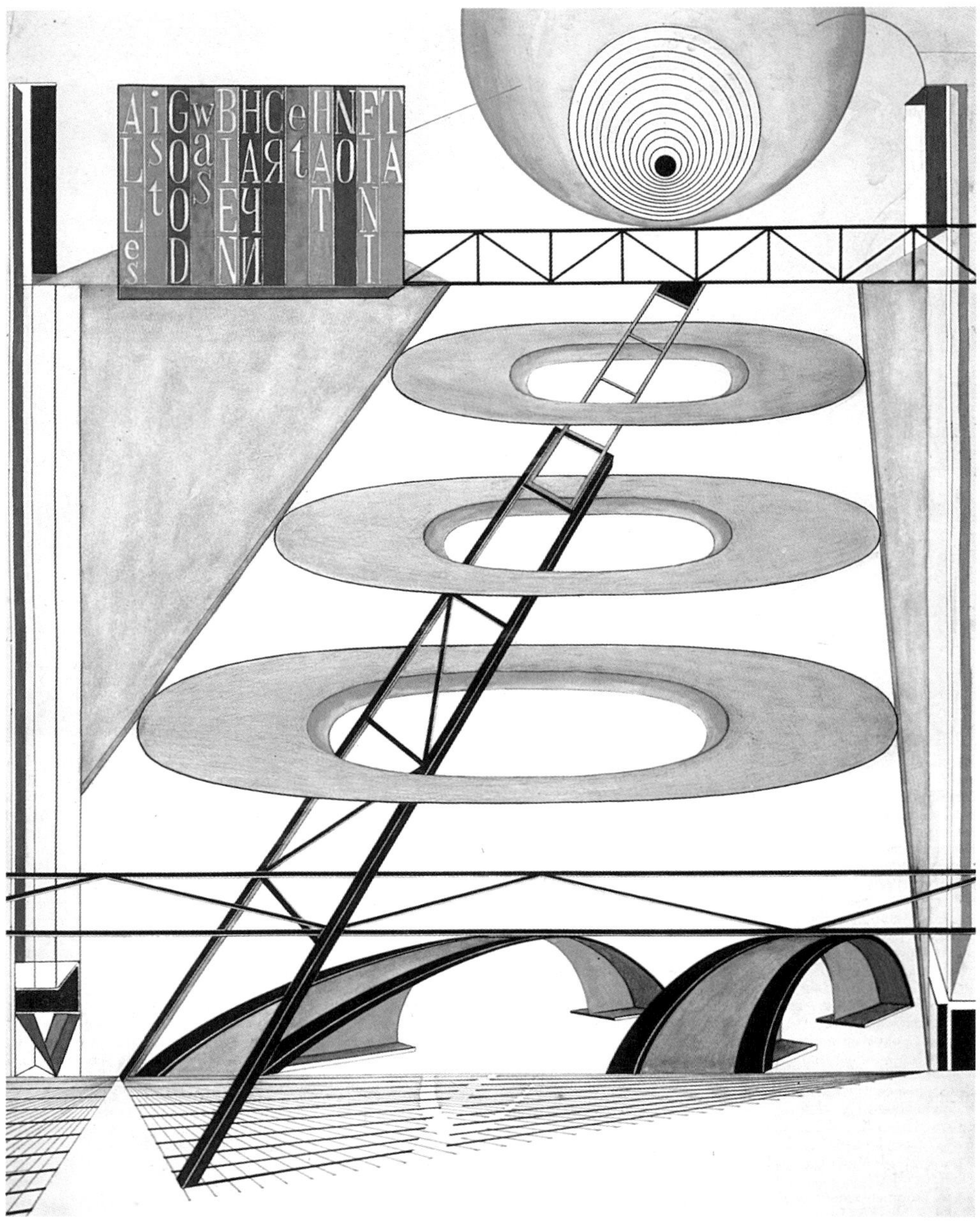

El Lissitzky, Vorstudie für die Schaumaschinerie (Sieg über die Sonne), 1920
El Lissitzky, study for the show-machinery (Victory over the Sun), 1920

Ilya Kabakov
Warum kam 'Der Rote Waggon' nicht nach Israel?

Frage: Was haben diese Dokumente zu bedeuten?[1] Soweit ich gehört habe, sollte hier eigentlich ein roter Waggon stehen, mit Holztreppen, Abfallhaufen, Gemälden und nostalgischen Liedern?

Antwort: Die Dokumente müssen als unerwarteter und notwendiger Ersatz herhalten für das, was Sie geschildert haben. Die Installation, die in diesen Dokumenten beschrieben ist, gibt es tatsächlich. Sie trägt den Titel 'Der Rote Waggon'. Aber bedauerlicherweise ist die Arbeit anscheinend beim Transport ernsthaft beschädigt worden - jedenfalls sagte man mir, es sei unmöglich, sie zu reparieren und hier auszustellen.

F: Meinen Sie wirklich? Oder gab es vielleicht gar keine Installation mit dem Titel 'Der Rote Waggon', auf die Ihre Beschreibung zutrifft? Die ganze Story klingt doch irgendwie verdächtig, wenn man weiß, was Künstler heutzutage gern für Attitüden entwickeln ... Vielleicht ist die Abwesenheit der Installation ja in Wirklichkeit Teil einer konzeptionellen Strategie und wir sind eigentlich aufgefordert, die ganze Geschichte vom Roten Waggon als bloßes Märchen zu betrachten?

A: Bis zum letzten Augenblick meiner Ankunft in Israel war ich sicher, daß die Installation existiert. Ich glaubte, der Waggon sei tatsächlich gebaut worden. Er wurde zwei Monate in Düsseldorf gezeigt und danach wurde er verpackt und nach Israel gebracht. Aber seitdem ich hier bin, fange ich selber an, an der Existenz des Waggons zu zweifeln ... Manchmal meine ich immer noch, daß es so einen Waggon gegeben haben muß: Man sieht ihn auf wunderschönen Photographien, die im Katalog der Düsseldorfer Kunsthalle auf bestem Papier gedruckt sind ... Und die Kunsthalle ist schließlich eine solide und seriöse Einrichtung. Niemals würde sie Photographien von Kunstwerken veröffentlichen, die es gar nicht gibt ...

F: Können Sie mit Bestimmtheit sagen, ob es den Waggon gibt, oder nicht?

A: Ich weiß nur eines: Noch vor einiger Zeit habe ich selber felsenfest an seine Existenz geglaubt. Und nicht nur das - ich habe ihn mit meinen eigenen Augen gesehen und mit meinen Händen berührt. Aber seitdem wir hier sind, ist irgendetwas passiert - nicht nur mit dem Waggon, sondern auch mit mir. Heute bezweifle ich sogar, daß der Waggon tatsächlich existiert hat.

F: Haben Sie den Waggon gesehen, seitdem er nach Israel gebracht wurde?

A: Ja, ich sah ihn - nicht ganz und gar, aber die wichtigsten Teile. Wenn ich es recht erinnere, stand er im ersten Obergeschoß dieses Museumsbaus, und zwar im letzten Raum.

F: Das war also dieser Raum hier?

A: Ja, dieser Raum, in dem wir beide jetzt stehen.

F: Sie meinen also, der Waggon war vor der Ausstellung hier, aber dann hat jemand ihn wieder aus dem Raum entfernt?

A: Genau. Er WAR hier - und jetzt ist er NICHT mehr hier.

F: Haben Sie irgendeinen Verdacht, wer ihn fortgebracht haben könnte ?

A: Ich habe nicht die leiseste Ahnung. Ich kenne ja kaum jemanden in diesem Land, ich kam erst wenige Tage vor der Ausstellung hier an. In diesem Museum kenne ich sowie niemanden. Ich habe keinerlei Verdacht. ...

F: Wollen Sie damit sagen, irgendjemand, der Ihnen völlig unbekannt ist, muß in den Raum gekommen sein und den Waggon hinausbefördert haben?

A: So könnte es gewesen sein. Inzwischen bin ich aber so weit, zu glauben, daß er niemals hier war - und daß ihn also auch niemand hinausbefördert haben kann. Noch verrückter: Ich kann mir sogar vorstellen, daß der Waggon - angenommen, er war jemals hier - sich selbst davon gemacht hat.

F: Meinen Sie, daß so etwas technisch überhaupt möglich ist?

A: Nun ja, er hat keine Räder und er ist auf eine spezielle Plattform geschraubt. Immerhin, eine Möglichkeit ist denkbar: Auf der Vorderseite des Waggons gibt es die Himmelstreppe.

F: Sie meinen, der Waggon stieg die Stufen hinauf und flog in den Himmel ?

A: Nun ja, irgendwie scheint so etwas unmöglich: Der Waggon war viel zu groß und schwer ...

F: Vielleicht sollten wir uns anderswo nach ihm umsehen? In anderen Räumen oder außerhalb des Museumsgebäudes?

A: Das klingt genauso unwahrscheinlich. Wir können es versuchen, aber ich bin sicher, es macht keinen Sinn. Ich denke, er ist woanders.

F: Sie schlagen also vor, den Waggon physisch und juristisch als vermißt zu betrachten. War er gegen Beschädigung oder Verlust eigentlich versichert?

A: Also, wenn es diesen Waggon überhaupt je gegeben hat, dann sind auch alle nötigen Formalitäten wie Versicherung, Transport und das Handling erledigt worden.

F: Das klingt alles ganz legal ...

A: Nein, es ist eher metaphysisch. Da ich von all diesen rechtlichen Dingen nichts verstehe, neige ich dazu, was immer dem Waggon passiert sein könnte, als eine zutiefst irrationale Angelegenheit zu betrachten. Jede rechtliche Herangehensweise an die Sache wird sich darauf konzentrieren, herauszubekommen, ob es überhaupt einen Waggon gegeben hat - in Deutschland oder in Israel oder in beiden Ländern. Vielleicht erbringt die Untersuchung den Beweis, daß er existiert hat, daß er beim Transport Schaden nahm und daß er wegen dieses Schadens verschwand. Wenn so etwas irgendwo anders außerhalb von Israel stattgefunden hätte, hätte ich mich selber für den Weg der juristischen Nachforschung ausgesprochen. Aber hier komme ich in den Bereich von Erklärungen aus anderen Sphären. Ich könnte mir vorstellen, daß es dem Waggon aus höheren und nicht nachvollziehbaren Gründen mißlang, die israelische Grenze zu überqueren. Dann muß

Buchillustration 'Himmelsleiter', 1622
Book illustration 'Jacob's Ladder', 1622

es aber etwas in dem Waggon selbst gewesen sein, daß ihn daran hinderte, nach Israel hineinzukommen.

F: Sie meinen, der Waggon enthielt Dinge, die nach den israelischen Zollbestimmmungen nicht eingeführt werden durften? Etwas Antisemitisches? Nazipropaganda? Waffen? Drogen?

A: Nichts von alledem. Der Waggon war buchstäblich hohl, innen war er leer (bis auf ein großes Gemälde auf der Innenseite, aber dieses Gemälde war völlig unschuldig). Im Gegenteil, zwei Teile der Installation - die Himmelstreppe und der rote Waggon selber - enthalten zwei klassische Bibel-Konnotationen: Am Eingang die Himmelstreppe des Jakob und im Waggon selber die Geschichte von Jonas im Walfischbauch. So gesehen wäre die Installation für den israelischen Zoll völlig akzeptabel gewesen.

F: Was könnte den Waggon denn daran gehindert haben, israelischen Boden zu erreichen?

A: Es müssen irgendwelche unsichtbaren esoterischen Eigenschaften gewesen sein, die ihn unvereinbar mit der lokalen Atmosphäre gemacht haben. Das alles geschah vor so kurzer Zeit, daß ich selber noch keine Erklärung dafür finden konnte. Die ganze Geschichte müßte ernsthaft geprüft werden, um die wirklichen Gründe herauszufinden - vorausgesetzt es gab überhaupt welche ...

F: Haben Sie irgendeine Vorstellung?

A: Oh ja. Zunächst einmal war die ganze Installation voll von Bildern, und sie hatte eine enorme physische Größe, 18 Meter lang. Man könnte zum Beispiel annehmen, daß so ein großes und vielgestaltiges Objekt von der lokalen Atmosphäre zurückgewiesen wird und daß es auf eine ganz natürliche Weise auf all die Dokumente und Erklärungen reduziert wird, die nun statt seiner präsentiert werden. Den Texten in diesem Raum fehlt die Aggressivität und die Brutalität, die dieser riesigen, fürchterlich bemalten Installation eigen sind. Man darf nicht übersehen, daß das rote Monster nach den Museumsplänen immerhin für drei Monate in diesem Raum aufgebaut werden sollte. Ein anderer Grund könnte darin liegen, daß die beiden biblischen Anspielungen in der Installation zu direkt und zu vulgär daherkommen. Meine dritte Vermutung - vielleicht die tragfähigste von allen - zielt darauf, daß ein solches Kunstwerk, das Teil einer anderen kulturellen Tradition ist, auf dramatische Weise in Konflikt zu allen lokalen künstlerischen Haltungen gerät und dadurch an diesem spezifischen Ort künstlerischer Geographie sozusagen zur 'persona non grata' werden mußte.

F: Aber Sie haben die Arbeit doch nie als israelisches Kulturphänomen ausgegeben! Soweit ich weiß, wurde die Grundidee des 'Roten Waggon' in dieser Ausstellung als auswärtiges Kulturphänomen, als Gast-Kunst bezeichnet und klassifiziert, und nicht als irgendetwas Lokales oder Typisches für israelische Kunst ...

A: Das ist richtig, die Arbeit sollte Teil einer Ausstellung sowjetischer Kunst in Israel sein und niemand konnte etwas Israel-Orientiertes erwarten. Trotzdem, die merkwürdige Abwesenheit des Waggons bringt mich auf den Gedanken, daß die Fremdheit und die Andersartigkeit der Installation die Grenzen des Annehmbaren irgendwie überschritten haben und daß sie letztlich deswegen abgelehnt und zurückgewiesen wurde. Aber, und das muß ich noch einmal betonen, dies ist natürlich mein ganz persönlicher Eindruck.

F.: Glauben Sie nicht, daß der 'Rote Waggon' wieder auftauchen wird, sobald Sie Israel verlassen haben und woanders hingegangen sind?

A.: Ja, natürlich. Vor allem weil dieser Waggon nicht mir, sondern einem wichtigen Sammler gehört. Ich glaube, diese merkwürdige Geschichte wird für mich ein unlösbares Rätsel bleiben. Vielleicht sollte ich in Büchern nach der Antwort suchen oder mich mit irgendjemandem über den Vorfall unterhalten. Aber in welchen Büchern soll ich nachschauen, wem soll ich die Geschichte erzählen? Warum kam der 'Rote Waggon' nicht nach Israel?

[1] Der 'Rote Waggon' wurde in Israel nicht gezeigt. Stattdessen wurden Vitrinen und Dokumente über den 'Roten Waggon' kreisförmig im Ausstellungsraum verteilt.

Kazuo Katase, Himmelsleiter, 1981, Spiegel über Holz, 240 x 50 cm
Kazuo Katase, Jacob's Ladder, 1981, mirror on wood, 240 x 50 cm

Ilya Kabakov
Why 'The Red Wagon' didn't come to Israel?

Question: What are these documents supposed to mean?[1] As far as I had heard, there should be some red wagon standing here, with wooden staircases, heaps of rubbish, paintings and nostalgic songs?

Answer: These documents provide an unexpected and necessary substitute for things you've mentioned. In fact, there was an installation, as described in the documents presented. It was titled 'The Red Wagon'. But unfortunately, the installation is believed to be severely damaged during transportation - thus they say it is impossible to repair and exhibit it here.

Q.: Do you really mean it, or was there never an installation, named 'Red Wagon' and fitting your description of it? Taking the current artistic patterns into account, I tend to think that all the story sounds rather suspicious ... Maybe the installation's absence indicates some conceptualist design, inviting us to consider the whole story of the wagon's existence a fairy tale?

A.: Until the last moment of my coming to Israel I was sure that the installation is real. I thought that the wagon was built indeed, it was on show in Dusseldorf for two months, afterwards it was packed and shipped to Israel. But since my coming here I myself started doubting the wagon's existence ... Sometimes I still think there WAS such a wagon: it's represented on beautiful photographs, printed on fine paper, in the Dusseldorf Kunsthalle exhibition catalogue ... The Kunsthalle, as far as I know it, happens to be a solid and serious institution that would not have made and published photographs of an artwork that doesn't exist ...

Q.: Could you confirm if there is such a wagon, or not?

A.: The only thing I know is that some time ago I was absolutely assured in its existence. Nor only did I think it existed - I also had opportunity to see it and touch it with my own hands. But something happened - not only to the wagon, but to myself as well - as soon as we found ourselves here. Today even I am doubtful that the wagon existed.

Q.: Have you seen the wagon after it was brought to Israel?

A.: Yes, I saw it - not all of it, but its major part. It had been standing on the second floor in this museum pavillion - in the last hall of the second floor, if I remember correctly ...

Q.: It was in THIS hall?

A.: Yes, it was in THIS hall, where we both stand right now.

Q.: You mean that the wagon was here before the exhibition, but afterwards someone removed it from the hall?

A.: Exactly. It WAS here - and now it ISN'T here.

Q.: Do you have any suspicions as to who could have removed it?

A.: I'm at a complete loss, I have no suspicions. I hardly know anyone in this country, I came here a couple of days before the exhibition. In this museum I don't know anyone at all. I've got no one to suspect ...

Q.: You mean that someone, completely unknown to you, entered the hall and pulled the wagon out?

A.: It might be so, but in my present state of mind I am ready to believe it wasn't here at all - so no one had to pull it out. And even more bizarre - I can imagine that the wagon, provided there WAS one, left the hall all by itself.

Q.: You mean that technically it could move all by itself?

A.: On the contrary, it was built without wheels and fixed on a special platform ... Still, there was one possibility: a stairway to heaven was appended to the wagon's front.

Q.: You mean the wagon mounted the stairs and flew to heaven?

A.: Seems improbable: the wagon was too big and heavy ...

Q.: Maybe we should look for it somewhere around here? In other halls, or outside the museum building?

A.: That also sounds inappropriate. We could give it a try, but I think there is no point in such a search. I guess it's elsewhere.

Q.: Thus you suggest to consider the wagon physically and juridically missing? By the way, was it insured in case of damage or disappearance?

A.: I think, that if there ever was such a wagon, all the necessary formalities were performed - including insurance, shipping and handling.

Q.: It sounds like a legal case ...

A.: No, rather a metaphysical one. As I don't understand anything in legal matters, I tend to regard whatever has happened to the wagon as a deeply irrational development. Legal proceedings connected with the case will focus on determining, whether there was any wagon at all - in Germany, or in Israel, or both. Maybe the investigation will show that it did exist, that it was damaged during shipping - and disappeared because of these damages. If such an incident took place anywhere else, outside Israel, I myself would have spoken in favor of legal investigation. But here I come to prefer explanations from other spheres. I suppose that the wagon could fail to cross the Israeli borders for some high and unperceivable reasons. There must have been something in the wagon itself, that prevented it from entering Israel.

Q.: You mean the wagon contained some articles forbidden for import into Israel under existing customs regulations? Something antisemitic? Nazi propaganda? Arms? Drugs?

A.: Nothing of the sort. The wagon was literally hollow, it was empty inside (not to mention a big painting fixed inside it, but that painting was entirely innocent). On the contrary, two parts of the installation - the staircase and the 'Red Wagon' itself - displayed two classic Biblical connotations: Ya'akov's staircase in the introductory part and the story of Yonah inside the whale. Thus from the viewpoint of Israeli customs the installation should look completely acceptable.

Q.: What then could prevent the wagon from coming to Israel?

A.: It must have contained some invisible esoteric traits that made the wagon incompatible with local atmosphere. It all has happened so recently, that I can't yet find an explanation myself. The whole story should be studied thoroughly to discover the true reasons - provided there were any ...

Q.: But you might have some guesses?

A.: Yes, I do. First of all, the installation was full of images, and it constituted an enormous physical substance, 18 metres long. One might suppose that such a big and heterogenous object was rejected by local atmosphere, that it was reduced - in some natural way - into documents and explanations which are presented instead of it. The texts displayed in this hall lack the aggressiveness and the brutality, that are intrinsic for the huge, awkwardly painted installation. One shouldn't overlook the fact that according to the Museum's plan, the red monster was supposed to live in this hall for about three months. Another reason I could imagine is that both Biblical allusions contained in the installation were too straightforward and too vulgar to be displayed here. My third guess - maybe the most significant of them all - is that such an artwork, being a part of elsewhere's cultural tradition, confronted dramatically all the local artistic standards and proved to be persona non grata in this specific point of artistic geography ...

Q.: But then, you weren't trying to present it as an Israeli cultural phenomenon! As far as I know, in the framework of this exhibition 'The Red Wagon' was labeled and classified as an alien cultural specimen, as a visiting artwork, not as something local or typical for Israeli art ...

A.: You are right, it was considered part of Soviet artists' exhibition in Israel and it was not expected to be somehow Israel-oriented. Still, the puzzling absence of the wagon makes me presume that the measure of 'strangeness' and 'alienness' of the installation have somehow crossed the red lines of the acceptable, and thus it was repulsed and rejected. I must stress again, that it is nothing more than my personal guesses.

Q.: Don't you think that when you will leave Israel and go somewhere else, the 'Red Wagon' will reappear?

A.: Yes, of course! Especially, because this wagon belongs not even to myself, but to a very important collector. I do think, that this strange story will become for me an unsolvable mystery. Maybe I will have to look into the books for some information or to tell someone about this incident? But in which books to look? To whom to tell? Why the 'Red Wagon' didn't come to Israel?

[1] The 'Red Wagon' wasn't shown in Israel and instead the vitrines with documents about 'The Red Wagon' were placed in a circle around the room.

Altarbild 'Jonas im Leib des Fisches', Stift Klosterneuburg
Altarpiece 'Jonah in the body of the fish', Foundation Klosterneuburg

Ilya Kabakov, Skizze für die Dokumentation über den Roten Waggon in Moskau ▷
Ilya Kabakov, Sketch for the documentation on The Red Wagon in Moscow

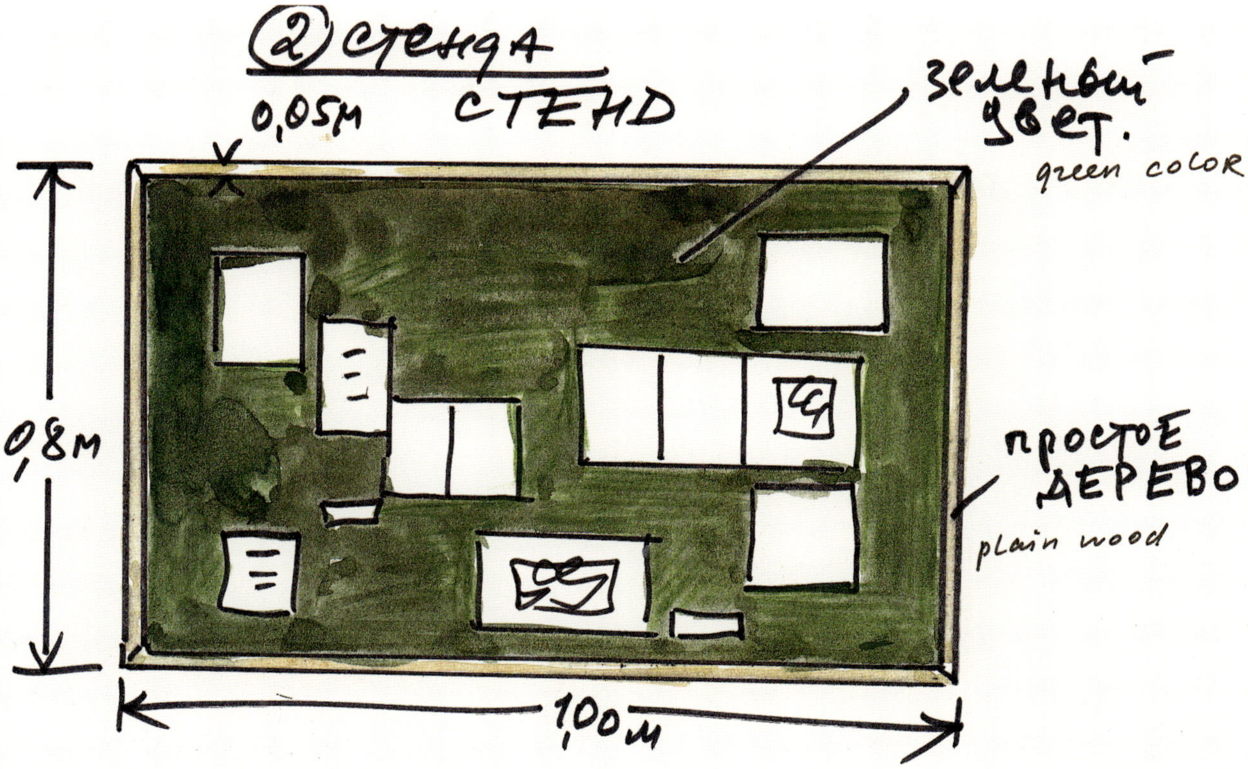

② стенда
0,05м
СТЕНД
зеленый цвет.
green color
0,8м
простое ДЕРЕВО
plain wood
1,00м

1,00 м
0,60м
TEXT

Ilya Kabakov, Skizze für die Dokumentation über den Roten Waggon in Moskau
Ilya Kabakov, Sketch for the documentation of The Red Wagon in Moscow

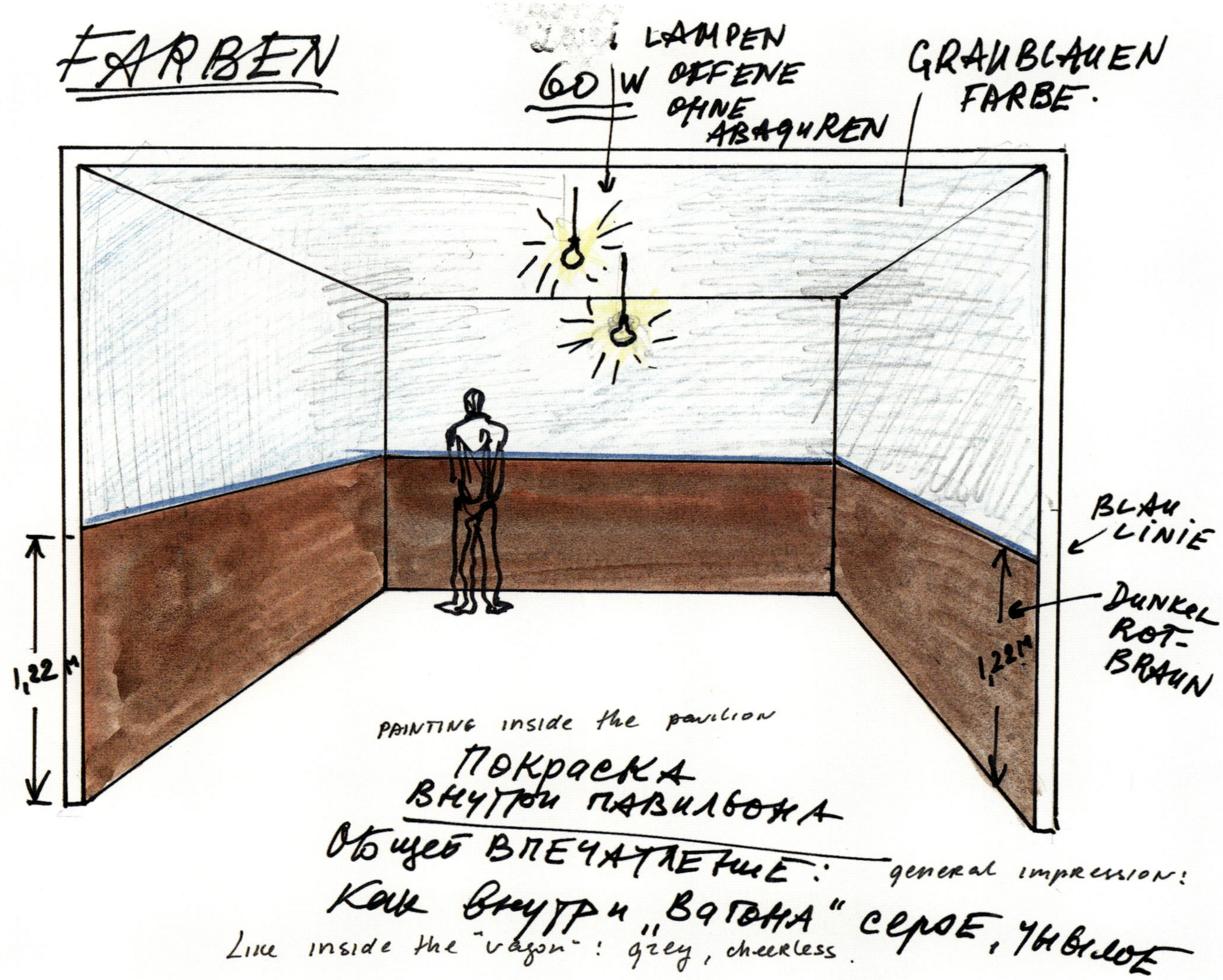

Ilya Kabakov, Skizze für die Dokumentation über den Roten Waggon in Moskau
Ilya Kabakov, Sketch for the documentation of The Red Wagon in Moscow

Dokumentation über den Roten Waggon in Moskau
Documentation of The Red Wagon in Moscow

Ilya Kabakov
Der 'Rote Waggon' auf dem Mak-Terrassen-Plateau in Wien

Der 'Rote Waggon', 1991 entstanden, war als Denkmal für das Ende der Sowjetmacht gedacht (heute sehe ich ihn anders). Er sollte die drei Perioden der sowjetischen Geschichte veranschaulichen, die nahtlos ineinander übergingen: Den Anfang mit seiner Fülle an Utopien und Projekten für eine herrliche Zukunft, dann das ewige großartige Heute und Fest 'des Lebens und der Arbeit' und abschließend den Zerfall dieses wunderbaren Gebäudes, das für die Ewigkeit geplant und gebaut war, in einen Trümmerhaufen. (Im 'Roten Waggon' entsprechen diesen Perioden die nach oben führende Leiter, der Waggon und der Müllhaufen hinter ihm.) Diese 17 m lange und 6 m breite Installation wurde 1992 in der Düsseldorfer Kunsthalle ausgestellt. Spätere Versuche, sie im Jerusalemer Nationalmuseum und im Haus des Künstlers in Moskau zu zeigen sind gescheitert.

In Wien ist der Waggon in der Ausstellung 'Tyrannei des Schönen' im MAK zu sehen. Daß dieser Holzbau, der eine Art große Spieldose ist (aus dem Inneren des Waggons erklingt unablässig Musik), hier im Zusammenhang mit den Architekturprojekten der 'herrlichen Zukunft' gezeigt wird, hat seinen Grund. Welchen?

Nun, erstens ist auf dem langen Gemälde im Wageninneren ebenfalls ein Projekt der 'herrlichen Zukunft' dargestellt, vielleicht nicht so perfekt gemacht wie die gezeigten Architekturprojekte, aber mit ähnlichem Sujet: Dieselben Panoramabilder der 'Stadt der Zukunft' mit prächtigen Gebäuden und schnurgerade zum Horizont verlaufenden Magistralen.

Zweitens wurden bekanntlich alle Bauten dieser Epoche – Wohnhäuser, Bahnhöfe, Stadien, Brücken, Kanäle usw. – als Denkmäler geplant und gebaut. Der 'Rote Waggon' sollte auch ein Denkmal werden, 'sich einprägen und verewigen'. Doch es besteht noch ein weiterer, tieferer Zusammenhang zwischen ihm und den Architekturprojekten.

Die Architekten, die sie damals entwarfen, glaubten daran, daß das neue glückliche Leben in den wunderschönen Städten begänne, wenn sie erst gebaut wären. Der Betrachter aber, der auf der langen Bank im 'Roten Waggon' sitzt und die fröhlichen Märsche und gefühlvollen Lieder aus den dreißiger und vierziger Jahren hört, ist erfüllt von Wehmut und dem sonderbaren Gefühl, daß dies alles schon vorbei ist. Zuerst war der Blick nach vorn gerichtet, jetzt nach rückwärts ... Was ist das für ein Leben, das wir wie eine wunderschöne Vision vor Augen haben und das gleich darauf wie ein Wechselbalg hinter unserem Rücken auftaucht?

In der Ausstellung 'Tyrannei des Schönen' wird der 'Rote Waggon' nicht in den Räumen des MAK gezeigt, sondern draußen, auf dem hohen Terrassenplateau, das von überallher zu sehen und so gebaut ist, daß alles, was dort präsentiert wird, einen monumentalen, feierlichen Charakter bekommt. Der dort aufgestellte Waggon ist für die Dauer der Ausstellung mit einem 9 m hohen Regenschutz versehen, einer Konstruktion aus Metallstäben und durchsichtiger Plastikfolie. Neben ihrer Schutzfunktion soll die Hülle um den Waggon auch ein künstlerisches Bild sein, eine klare Metapher. Wofür?

Die Assoziation, die sich als erste einstellt, ist das Bild des gläsernen Sarges, der einen für immer eingeschlafenen Schatz, etwas Verzaubertes, enthält. Den 'Roten Waggon' kann man jedoch weder von seinem Äußeren her, das an einen Baukasten erinnert, noch von seinem Sinn her als 'Schneewittchen' oder 'Schlafende Schönheit' bezeichnen. Eher im Gegenteil. Von weitem sieht er aus wie ein Ungeheuer, das jemand in diesen riesigen, hohen Käfig gesperrt hat, damit es ja nicht daraus entweicht. (Besonders deutlich sein wird der Eindruck, daß hier ein riesiger Käfer in einen Käfig gesperrt ist, wenn der Käfig abends vor dem Hintergrund der dunklen Stadt von innen erleuchtet sein wird.)

Entschlüsseln wir die Metapher 'Käfer im Käfig' weiter. Vernichten kann man den Käfer nicht – er ist wie der Zauberer im russischen Märchen unsterblich - man kann ihn nur in den Käfig einsperren und darin halten wie in einem hermetisch abgedichteten Glaskasten. Ist es nicht genauso unmöglich, den Sozialismus abzulegen, der niemals sterben und sich in nichts anderes verwandeln wird, sondern nur eine Zeitlang einschlafen oder sich schlafend stellen wird, um dann aufs neue zu erstehen? Er wird in einer neuen Utopie auferstehen, die uns heute der Vergangenheit anzugehören scheint.

Es ist jedoch gleichgültig, ob sie vor oder hinter uns liegt. Dieser Traum von der Errichtung des Paradieses auf Erden wird immer wieder neue Projekte erschaffen, und eine neue Architektengeneration wird sich ans Reißbrett setzen, um neue wunderschöne Städte zu entwerfen.

Frühjahr 1994

Der Rote Waggon auf dem MAK-Terrassen-Plateau in Wien
The Red Wagon on the MAK Terrace Plateau in Vienna

Grundriß Terrassenplateau des MAK
Floorplan of the MAK-Terrace-Plateau

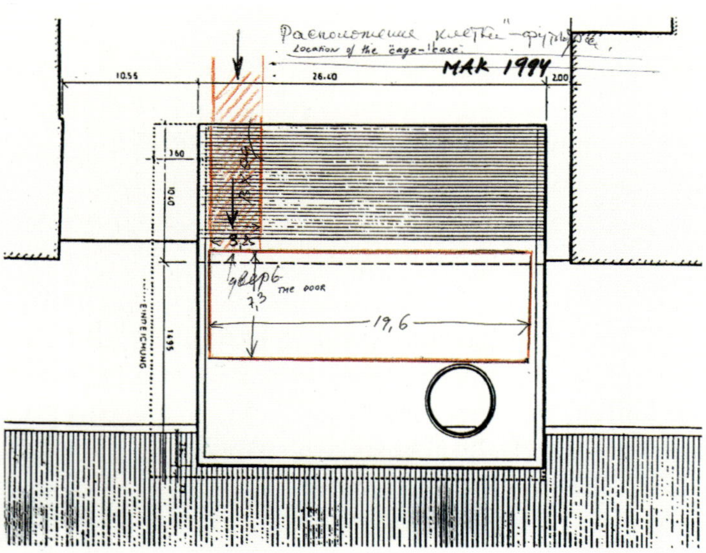

Ilya Kabakov
The Red Wagon on the MAK Terrace Plateau in Vienna

The Red Wagon, completed in 1991, was conceived as a memorial to the end of Soviet dominion (which I see differently today). It was meant to illustrate the three phases of Soviet history, which the country experienced in smooth transition: the beginning, with its abundant utopias and projects for a glorious future, then the eternally grandiose present and the celebration of 'Life and Labour' and finally the collapse of this wonderful building, which had been planned and erected for eternity, into a pile of rubble. (In the Red Wagon, these periods are identified by the ladder leading upward, the railroad car itself and the heap of trash behind it.). This 17-metre-long and 6-metre wide installation was exhibited at the Düsseldorfer Kunstverein in 1992. Later efforts to have it shown at the National Museum in Jerusalem and at the House of Artists' in Moscow failed.

The Red Wagon is on exhibit in Vienna as part of the exhibition entitled 'Tyrannei des Schönen' (The Tyranny of Beauty) at the MAK. There is good reason for showing this wooden construction, which is a kind of music box (music is heard constantly from inside the car), here within the context of the architectural projects of the 'glorious future'. But what is that reason?

Well, first of all, another project of the 'glorious future' is also represented on the long painting inside the car. It is perhaps not as perfectly executed as the architectural projects exhibited, yet it has a similar subject: the same panoramic images of the 'city of the future', with splendid buildings and perfectly straight magisterial main avenues running toward the horizon.

Secondly, it is a well-known fact that all of the architectural structures built during this era - residential buildings, railroad stations, stadiums, bridges, canals, etc. - were planned and constructed as monuments. The Red Wagon was also intended to serve as a monument, to 'be remembered and perpetuated'. But there is yet another, more profound connection between it and the architectural projects.

The architects who designed them at the time believed that the new, happy life in the wonderfully beautiful cities would commence once they were built. The viewer, however, who sits on the long bench in the Red Wagon and listens to the uplifting marches and the sentimental songs from the thirties and forties, is filled with melancholy and the strange feeling that all of this already belongs to the past. At first, the eyes looked forward, and now they gaze back into the past . . . What kind of a life is this which we gaze upon as a beautiful vision only to have it appear behind our backs the next moment like a chimerical apparition?

At the exhibition 'Tyrannei des Schönen', the Red Wagon is not shown inside the MAK but outdoors on the high terrace plateau that is visible from all directions and is constructed in such a way that whatever is presented there takes on a solemn, monumental character. The railroad car exhibited there is surrounded by a 9-metre-high rain covering made of metal poles and transparent plastic sheeting. Aside from its protective function, the veil around the wagon is also meant as an aesthetic image, an unmistakable metaphor. But for what?

The first association that comes to mind is the image of a glass coffin containing a treasure that now sleeps for eternity, of something enchanted. Yet neither its external appearance, which is somewhat reminiscent of a construction kit, nor its meaning would permit us to regard the Red Wagon as a 'Snow White' or a 'Sleeping Beauty'. On the contrary, it looks from a distance more like a monster that has been confined within this huge, high-walled cage to keep it from escaping. (The impression of a giant beetle locked inside a cage will be particularly striking when the cage is illuminated from within against the background of the dark city.)

Let us attempt to decipher the metaphor of the 'beetle in a cage' even further. The beetle cannot be destroyed - like the sorcerer in Russian fairy tales, it is immortal. All one can do is lock it in the cage and keep it there, as if a hermetically sealed glass showcase. Is it not just as impossible to eliminate socialism, which will never die and will never be transformed into something else but will simply go to sleep for a while, or pretend to sleep, before it rises again anew? Its resurrection will come in a new utopia that we look upon today as belonging to the past.

Yet it makes no difference whether it lies before or behind us. This dream of the creation of a paradise of earth will continue forever to engender new projects, and a new generation of architects will sit down at their drawing boards to design wonderfully beautiful new cities.

Spring 1994

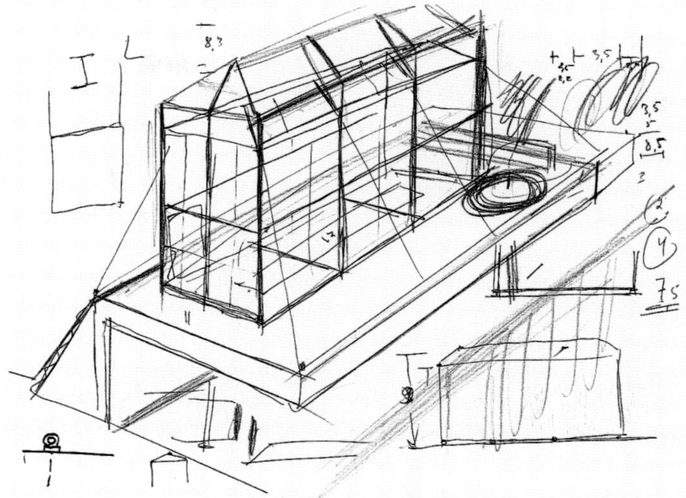

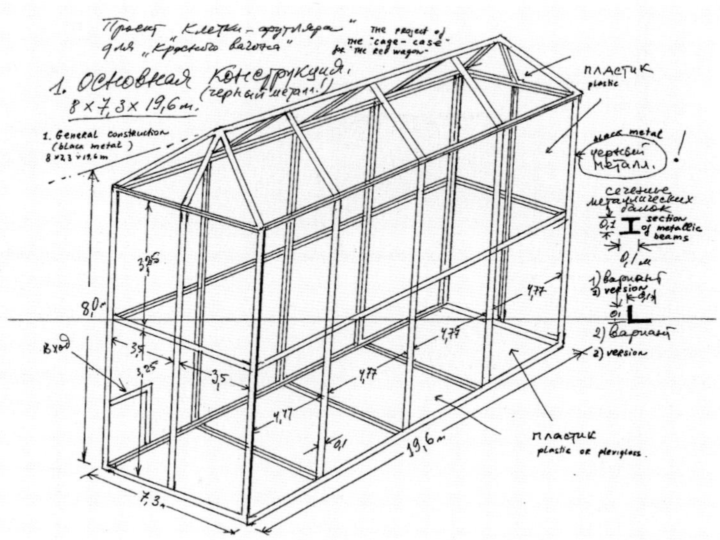

Konstruktionsskizzen des 'Glaskäfigs' für den Roten Waggon in Wien
Construction drawings for the 'Glass Cage' of The Red Wagon in Vien-

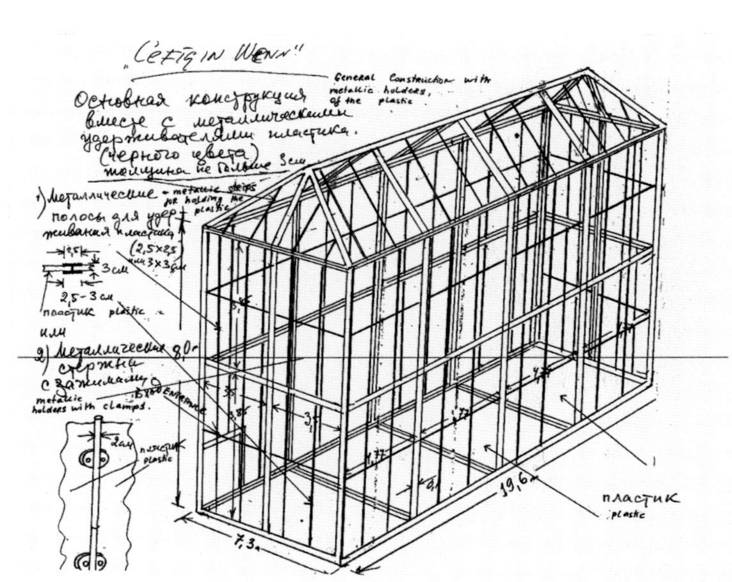

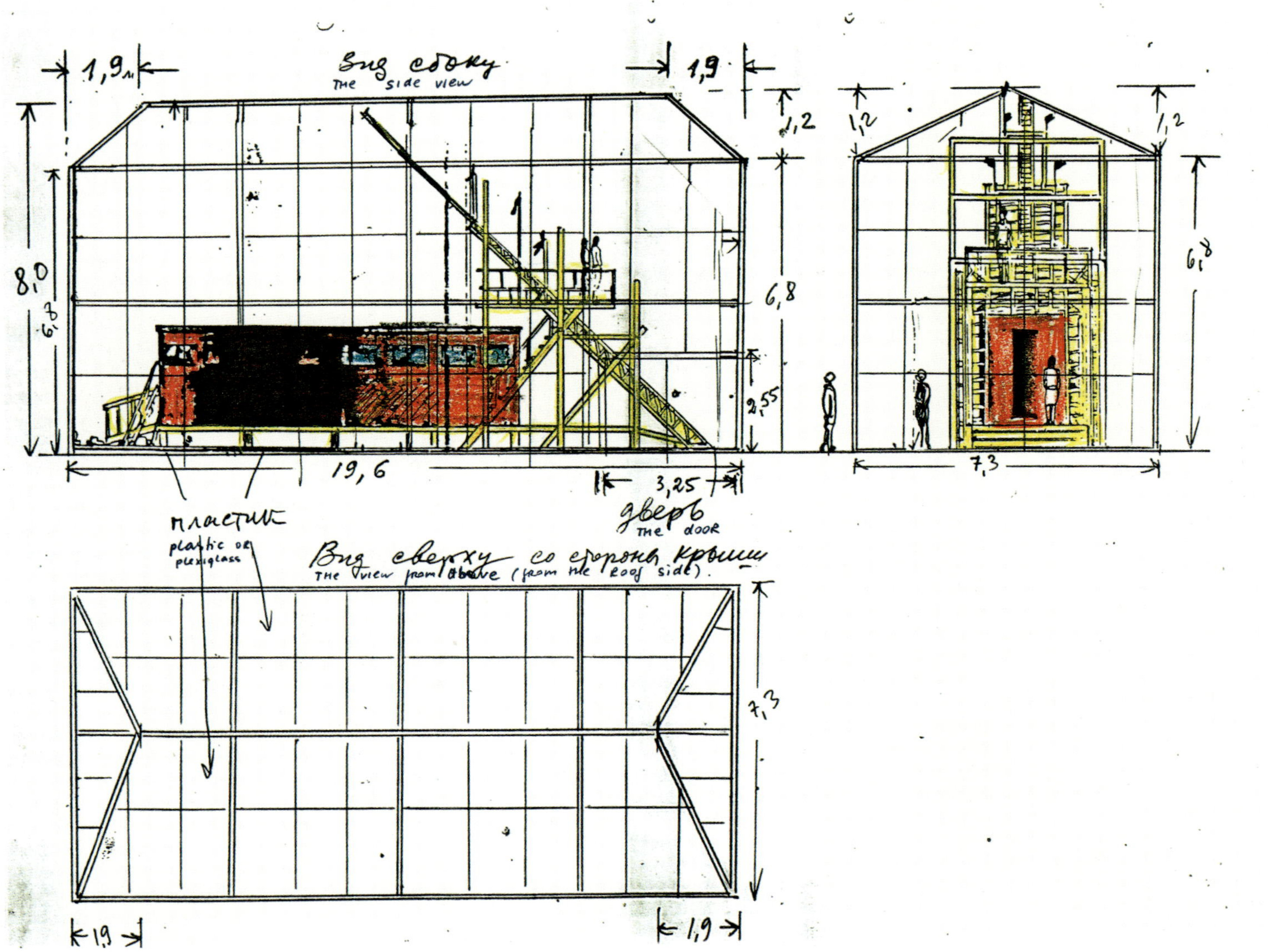

Konstruktionsskizzen des 'Glaskäfigs' für den Roten Waggon in Wien/Construction drawings for the 'Glass Cage' of The Red Wagon in Vienna

Konstruktionsskizzen des 'Glaskäfigs' für den Roten Waggon in Wien/Construction drawings for the 'Glass Cage' of The Red Wagon in Vienna

Biographie

1933
Geboren am 30. September in Dnepropetrovsk (UdSSR)

1945 - 1951
Besuch des Kunst-Gymnasiums in Moskau

1951 - 1957
Besuch der Akademie V. A. Surikov in Moskau
Studienfächer: Graphik-Design und Buch-Illustration

1957
Diplomabschluß

Seit 1965
Mitglied des Künstlerbundes der UdSSR

1989 - 1990
Stipendiat des DAAD in Berlin

1989
Ludwig-Preis der Freunde des Museums Ludwig, Aachen

1992
Arthur-Köpcke-Preis des Arthur Köpcke Mindefond, Kopenhagen

1993
Max Beckmann-Preis der Stadt Frankfurt am Main
Joseph Beuys-Preis der Joseph Beuys-Stiftung, Basel
Ehrenpreis der Biennale von Venedig

1995
Chevalier des Arts des Kulturministeriums in Frankreich

1998
Kaiserring der Stadt Goslar

Lebt und arbeitet seit 1992 in New York

Biography

1933
Born September 30, in Dnepopetrovsk (USSR)

1945 - 1951
Moscow Secondary School of the Arts

1951 - 1957
V. A. Surikov Art Academy, Moscow
Field of Study: Graphic Design and Book Illustration

1957
Graduated

Since 1965
Member of the Artist's Union of the USSR

1989 - 1990
DAAD-Grant, Berlin

1989
Ludwig Prize, Friends of the Museum Ludwig, Aachen

1992
Arthur Köpcke Award, Arthur Köpcke Foundation, Copenhagen

1993
Max Beckmann Prize of the City of Frankfurt on Main
Joseph Beuys Prize, Joseph Beuys Foundation, Basel
Honorary Diploma, Venice Biennale, Venice

1995
Chevalier des Arts, Ministery of Culture, France

1998
Kaiserring by the City of Goslar

Lives and works since 1992 in New York

Ausstellungen

Eine Liste der Einzelausstellungen, Ausstellungsbeteiligungen und Installationen seit 1965 wurde zuletzt veröffentlicht in: Ilya Kabakov, Zeichnungen. Tekeningen. Drawings, Stadtsgalerij Heerlen/Sprengel Museum Hannover 1999

Bibliographie

Eine ausführliche Auswahlbibliographie wurde veröffentlicht in: Ilya Kabakov. The Man Who Never Threw Anything Away, New York: Harry N. Abrams, Inc., 1996

Exhibitions

A list of Solo Exhibitions, Group Exhibitions and Installations since 1965 is published in: Ilya Kabakov, Zeichnungen. Tekeningen. Drawings, Stadtsgalerij Heerlen/Sprengel Museum Hannover, 1999

Bibliography

A scholarly selected bibliography is published in: Ilya Kabakov. The Man Who Never Threw Anything Away, New York: Harry N. Abrams, Inc., 1996

Fotografen
Photographers

Heinz Jokisch, pp. 41, 43
Emilia Kabakov, pp. 128, 129, 148
Kazuo Katase, p. 138
Igor Makarevich, p. 13
Natascha Nikitina, p. 146
Ed Restle, Museum Wiesbaden,
pp. 98, 99, 100, 101, 102/103, 104/105,
106/107, 108, 109, 112/113, 114/115,
116, 117, 118, 119, 20, 121, 122, 123